LA VRAIE PERLE

COURS ÉLÉMENTAIRE ET PRÉPARATOIRE

BORDEAUX — PARIS

1898

POÉSIES MORALES

AUX TOUT PETITS

MORALE, LECTURE, RÉCITATION

A Mesdames les Institutrices et Messieurs les Instituteurs,

L'empressement avec lequel beaucoup d'entre vous ont adopté *Aux Enfants de la France*, notre livre de récitation, de lecture et de morale, pour les cours moyen et supérieur des écoles primaires, nous est un sûr garant de l'accueil qui sera fait *Aux tout petits*, volume concernant les cours préparatoire et élémentaire des mêmes écoles.

Ces deux volumes sont écrits sur un même plan et suivent la méthode qui a déjà obtenu vos suffrages.

Pas plus sur ce Livre que sur le précédent, il n'a été fait de vains remplissages : questionnaires ou autres.

Une œuvre compacte et solide de quatre-vingt-huit leçons fournira aux maîtres, croyons-nous, une matière suffisante où ils pourront puiser les éléments utiles à leur enseignement, qu'ils auront ainsi la liberté de diriger selon leurs goûts et les besoins de leurs élèves.

Nous sommes persuadée d'ailleurs que ceux de nos collègues qui nous feront l'honneur d'essayer ce petit recueil nous accorderont leurs suffrages. Ils y trouveront profit pour le progrès moral et intellectuel des enfants de leurs écoles et un allègement sérieux de recherches, de travail, de peines inutiles pour eux-mêmes : but que tout livre classique de durée nous semble devoir atteindre.

AUX TOUT PETITS

Morale — Lecture — Récitation

COURS ÉLÉMENTAIRE ET PRÉPARATOIRE

Entièrement conforme au Programme
DES ÉCOLES PRIMAIRES ET CLASSES ENFANTINES

Adopté pour les Écoles de la ville de Bordeaux et du département
de la Gironde

PAR

Mme DE BEAUROYRE

DIRECTRICE D'ÉCOLE COMMUNALE A BORDEAUX

Lauréat de l'Académie Nationale des Sciences, Belles-Lettres
et Arts de Bordeaux
De l'Alliance des Poètes de Toulouse, de la Société Poétique Méridionale
et de la Société Biographique de France, etc.

Illustré par M. Yves-Maurice GRATON

BORDEAUX	PARIS
FERET ET FILS, ÉDITEURS	LIBRAIRES ASSOCIÉS
15, COURS DE L'INTENDANCE	15, RUE DE TOURNON

1898

Préface de l'Auteur

Petits enfants, si mutins et si roses, vous savez bien que tout le monde vous aime. On ne vous le prouve que trop en s'occupant sans fin de vous. Mais ce que vous ne savez pas, c'est qu'il y a deux manières de vous aimer: la bonne et la mauvaise, ou plutôt vous confondez souvent, dit-on, la première avec la dernière, parce que votre cœur goûte plus de charme aux gâteries qu'aux conseils.

Eh bien! soyez persuadés que personne ne vous aime plus que nous, mais d'une façon particulière, car si nous vous aimons d'abord pour vous, pour votre gentillesse, nous vous aimons bien plus pour l'espoir que vous faites naître en notre esprit.

Vous êtes, mes enfants, le bras où s'appuie notre vieillesse, l'honneur de vos familles, la force de l'avenir, la future grandeur de la France! Si jeunes que vous soyez, il importe donc de vous préparer de bonne heure au magnifique rôle qu'on attend de vous. Or, mes enfants, il n'est pas de meilleur moyen de vous préparer aux devoirs de la vie civique qu'en accomplissant tous les jours vos petits devoirs de fils, de frères, de camarades, d'écoliers. C'est pourquoi, voulant être utile en même temps à notre pays qu'à vous, nous avons écrit ce petit livre où se trouvent consignés tous les préceptes de morale, toutes les règles de conduite que votre enfance doit suivre pour devenir des hommes honnêtes et utiles.

Sous une forme que nous nous sommes efforcée de rendre attrayante pour votre jeune intelligence, il vous enseignera que le secret d'être heureux dans la vie est celui de faire le bien; parce que tous les efforts que nous faisons pour atteindre la perfection retournent à l'élévation de notre âme, à notre propre bien-être.

Enfants, c'est la conscience d'une institutrice, le cœur d'une mère, qui parlent dans ces lignes; écoutez-en les conseils, qui vous conduiront à la sagesse et au bonheur.

M. DE BEAUROYRE.

AUX TOUT PETITS

CHAPITRE PREMIER

INTRODUCTION

1ʳᵉ LEÇON. — **Écoutez bien, mes tout petits**

IL FAUT SUIVRE LA LOI MORALE

Aux Enfants de France

Écoutez bien, mes tout petits,
Mon cœur, ce jour, à vous s'adresse,
Pour former vos jeunes esprits
Sous mon baiser, sous ma caresse.

À peine éclos dans vos doux nids,
D'azur encor remplis d'ivresse,
Pour être heureux, ô mes chéris,
Il faut apprendre la sagesse.

Il faut aimer, d'un saint amour,
Tous ceux qui souffrent sur la terre,
Ignorer mensonge et détour,

Adorer votre bonne mère;
Pour réjouir l'ange au ciel bleu,
Il faut bien aimer le bon Dieu.

Leçon et lecture. — O vous, les tout-petits, les plus de nos cœurs! vous dont les jeunes âmes viennent à peine de quitter la douce tiédeur de l'azur céleste pour essayer leur vol sur la terre, où elles n'ont encore vécu que des jours d'innocence et de paix, ouvrez bien vos oreilles pour entendre les choses que je vais vous dire dans ce petit livre! Mais gardez votre air souriant et heureux; n'ayez pas peur: je ne vous y conseillerai rien qui ne plaise à votre cœur et que vous ne soyez disposés à faire parce que vous êtes nés bons et aimants.

Je vous dirai: Chers enfants, envoyés par Dieu près de nous, pour verser un baume consolateur sur nos vies de misères, restez fidèles à votre mission sacrée! soyez les anges du foyer! Soyez la joie, l'espérance de celle qui prépara votre berceau avec tant de soin, tant d'amour lorsque vous vîntes reposer dans son sein, comme un frêle oiseau dans son nid! Aimez bien cette tendre mère! Aimez aussi de tout votre cœur votre bon père dont l'ardeur infatigable pourvoit à tous les besoins de votre existence et qui n'est heureux que de votre bonheur. Aimez encore ceux qui souffrent, compatissez à leurs douleurs.

Partagez votre gâteau, votre pain avec les enfants moins fortunés que vous!

Soyez doux envers les animaux, ces pauvres bêtes qui sentent la joie et la souffrance, tout comme vous, et à qui une caresse de vos petites mains, quelques miettes de votre pain suffisent pour être heureux.

Oui, mes enfants, soyez bons pour tous, complaisants, polis, affables, francs et sincères. Que le désir de plaire, d'être utile domine en vous! Qu'on sente votre petit cœur débordant d'affection! Et dans votre candeur, dans votre innocence, vous aurez déjà satisfait à la loi morale contenue dans ce simple précepte enseigné par Dieu aux hommes : « Aimez-vous les uns les autres. »

Maxime. — Être bon, pieux, humain, sage et obéissant, c'est accomplir la loi morale. Tout petits que nous sommes, nous saurons acquérir ces qualités pour devenir un jour des femmes vertueuses ou des hommes honnêtes.

2ᵉ LEÇON. — Ce qu'il faut aimer.

DEVOIRS DE L'ENFANT

À Hélène Lalanne.

Comme l'abeille aime la fleur,
Un bon enfant aime sa mère,
Et dedans son excellent cœur
Règne même amour pour son père.

Il aime sa petite sœur,
Protège son plus jeune frère,
Il obéit avec ardeur,
A chacun, toujours, cherche à plaire.

Ce bon fils chérit ses parents
Comme l'oiseau, le doux printemps,
Il aime bien aussi l'école,

Du maître écoute la parole :
Écolier, studieux, soumis,
Il est l'espoir de son pays.

Leçon et lecture. — Aimer est la base de la loi divine et de la loi morale. Mais que faut-il aimer? Son devoir.

Ne vous effrayez pas, mes chers petits amis, du mot « devoir » qui retentit peut-être un peu sévèrement à votre oreille. Vous tous qui venez en classe, vous le connaissez, l'aimez et le pratiquez déjà. Oui, mes enfants, quand vous vous arrachez, sans murmure, chaque matin, aux tendres caresses de vos mères, à la douceur du foyer paternel, pour courir à votre tâche d'écoliers, pour venir auprès de nous, apprendre ce qu'il faut savoir, ce qu'il faut aimer afin de devenir des hommes de bien, vous accomplissez votre devoir.

Ah! ah! je vois vos doux regards me sourire, et vous voilà heureux d'apprendre que vous êtes des petits êtres ayant aussi leur vertu et leur héroïsme? Certes, mes chéris, si la vertu consiste à remplir toutes ses obligations, coûte que coûte, au prix de quelques sacrifices, de l'abnégation de son bien-être et de ses goûts, ne sont-ils pas méritants ceux d'entre vous, mes tout petits, qui ne se laissent arrêter par aucune intempérie, aucune séduction et viennent héroïquement, sans regimber, à travers la pluie, la neige ou le soleil ardent, s'asseoir ici chaque jour, à leur place, fidèles au poste assigné à leur jeune âge? Oui, ils deviendront des hommes vertueux, ceux-là qui, parmi vous, se rendent aujourd'hui en classe avec plaisir et sans contrainte, car nous nous montrons toujours dans l'âge viril ce que nous fûmes dans l'enfance.

Aimez donc votre devoir, mes petits amis. Soyez reconnaissants, studieux, affectueux pour vos maîtres et vos parents, pour tous ceux qui ont droit à votre amour et vous deviendrez plus tard les soutiens de votre pays.

Maxime. — Pour un enfant affectueux, les devoirs qu'il a a remplir sont une tâche agréable et facile. Il doit aimer sa famille, ses maîtres, son école et ses camarades. N'est-ce pas une douce satisfaction pour son cœur?

CHAPITRE II

DEVOIRS DE L'ENFANT DANS LA FAMILLE

Enfants et Parents

3ᵉ LEÇON. — Dans ce doux berceau.

AMOUR MATERNEL

Dans ce doux berceau
Un bébé sommeille,
Si frais et si beau
Qu'il nous émerveille.

Le brillant flambeau
Du jour le réveille.
Près de son agneau,
La maman qui veille,

Accourt, tend les bras,
Si chèrement presse
Ce petit corps gras,

Que dans sa caresse
On sent de bonheur
Palpiter son cœur.

Leçon et lecture. — Quand le petit enfant vient au monde, il mourrait bientôt si une mère vigilante et dévouée ne veillait sur son berceau. Voyez avec quel amour celle-ci attend le réveil de son fils! Elle se penche souriante sur la couche de son enfant, épiant ses moindres mouvements, son souffle, et elle est tout heureuse de le contempler dans son sommeil! Cette bonne mère fait de doux rêves pour l'avenir de son petit trésor! Elle le voit grandir bon, aimable, doux, caressant, lui prodiguant, à son tour, d'affectueuses caresses, et la joie déborde de son cœur dans cette douce extase.

Enfants, toutes vos mamans se sont ainsi penchées sur vos couchettes! Toutes ont formé de douces espérances pour votre avenir et, toutes, toutes ont versé de brillantes larmes lorsque la maladie menaçait votre existence. Un père et une mère, voyez-vous, mes petits, vivent du regard de leur bébé chéri, et meurent de sa mort! Répondez donc à leur immense amour par votre amour! Le matin en vous levant, le soir en vous couchant, en partant en classe et au retour, prenez dans vos petites mains la tête de cette maman, de ce papa bien-aimés et dites-leur, les yeux et le cœur pleins d'affection: «Pour papa, petite maman, je vous aime beaucoup, beaucoup!» Embrassez-les tendrement et ils seront bien bien heureux.

Maxime. — Un père et une mère aiment leurs enfants par-dessus toutes choses. Ceux-ci doivent les aimer beaucoup à leur tour pour récompenser leur dévouement et leur immense tendresse.

4° LEÇON. — Papa.

AMOUR PATERNEL

Pendant que je suis à l'école,
Papa travaille à l'atelier,
Pour son enfant, pour son idole
Qu'il voudrait tant voir le premier.

Pour gagner notre nourriture,
Il se donne beaucoup de mal.
Moi, je m'applique à l'écriture,
Car mon esprit est très loyal.

Pour rendre heureux l'excellent père,
Qui m'aime d'un si grand amour,
Un beau cahier je viens de faire,
Et vais le lui porter ce jour.

Quand, rentrant las de sa journée,
Il verra que son cher enfant
Au travail à l'âme obstinée,
Son regard sera triomphant.

Peut-être aura-t-il quelques larmes.
Moi, pour ma part, je ne sais rien
Qui me procure tant de charmes
Que lorsqu'il dit : « Mon fils, c'est bien! »

Leçon et lecture. — Voyons, mes petits amis, quel est celui d'entre vous qui n'aime pas son père? Oh! oh! Tout le monde fait la moue! Eh bien! changeons la question. Quel est celui parmi vous qui aime bien son papa? Bon! cette fois toutes les mains se lèvent, tous les regards me sourient, toutes les bouches crient : « Moi! moi! » C'est bien, mes petits, c'est très bien! Cela prouve votre bon cœur, votre reconnaissance; car les bienfaits d'un père pour ses enfants sont inappréciables. C'est lui qui donne à toute la famille l'exemple de l'amour du travail, de la sobriété, de la bonne conduite, du sacrifice. Du matin au soir à la peine, c'est lui qui pourvoit au présent et songe à l'avenir de ses enfants; chaque naissance qui vient augmenter la famille, lui crée de nouveaux soucis, de nouveaux devoirs. Aucune abnégation personnelle ne lui coûte pour assurer le bonheur de son foyer.

Pour un bon fils, un père est un être supérieur, bien au-dessus de tous les autres hommes, quelque chose comme un demi-dieu qu'il vénère, qu'il adore, dont il écoute les conseils, respecte la parole et imite les bons exemples.

Vous avez mille fois raison, mes petits, de bien aimer

votre papa, lui qui vous aime au point de sacrifier jour-
nellement son bien-être à votre bien-être et dont la
sévérité apparente, la fermeté à votre égard, cachent une
extrême tendresse.

C'est le sentiment de la responsabilité de votre avenir
qui bannit de son cœur une faiblesse coupable pour vos
fautes et le force à toujours réprimer vos mauvais penchants. Aimez-le pour cette contrainte même qu'il s'impose dans votre intérêt et qui est la meilleure preuve de
son amour pour vous.

Maxime. — Je ferai tous mes efforts pour plaire à
mon cher papa, auquel je dois tous les biens dont je jouis.
Je suivrai toujours ses bons conseils, le respecterai et
l'aimerai de tout mon cœur.

5e LEÇON. — Maman.

AFFECTION FILIALE.

À ma nièce Bernadette Ganteloup)

Maman ! c'est comme le bon Dieu !
Je l'aime ! je l'aime ! je l'aime !
Et je ne vois sous le ciel bleu
Rien de meilleur, d'aussi beau même.

D'abord, peut-on ne pas chérir
Une maman qui toujours donne
Baisers bien doux, qu'on fait souffrir
Et qui sans cesse vous pardonne ?

Oh ! moi, je ne sais vraiment pas
Dire à quel point mon cœur l'adore
Mais je sens ne pouvoir, hélas !
Loin d'elle survivre une aurore.

D'où vient en moi ce grand amour
Qui ne connaît pas de faiblesse ?

C'est-il que maman, chaque jour,
M'accable et comble de tendresse ?

Que son sein fut mon aliment ?
Que des mères elle est la crème ?
Mais non ! c'est plus simple vraiment :
C'est pour l'aimer que mon cœur l'aime.

Leçon et lecture. — Oh ! oui, n'est-ce pas, mes petits amis, une maman, c'est tout ce qu'il y a de meilleur au monde ? C'est comme l'étoile qui rayonne dans le ciel de l'enfant et resplendit sur le chemin de son existence.

Une maman, c'est le doux sein où l'on épanche son cœur, l'âme dont est faite notre âme, le souffle qui nous anime, la vie dont est faite notre vie.

Aussi l'union de l'enfant et de la mère est si intime, si profonde, qu'ils semblent vivre l'un dans l'autre.

Les joies de l'enfant sont, en effet, les joies de la mère ; elle souffre de ses douleurs, et toutes les émotions du fils, douces ou pénibles, produisent en elle un retentissement agréable ou douloureux.

Oh ! comme l'on aime sa mère ! Comme la mère aime son enfant ! Pourquoi ? Ne le demandez pas ! C'est Dieu lui-même qui a mis ce sentiment dans le cœur des hommes ! Et s'il y a un enfant, un monstre sur la terre qui ne réponde pas à cette inspiration divine, les anges en pleurent dans le ciel, et nous ne trouvons pas de mot assez méprisant dans notre langage pour le flétrir.

Maxime. — C'est notre mère qui veille sur nous et nous prodigue les soins que réclame notre faiblesse ; notre vie entière de dévouement ne pourra lui payer tant d'amour.

6ᵉ LEÇON. — Charmant Enfant.

RECONNAISSANCE D'UN AGE

Sitôt que la classe est finie,
Paisiblement à la maison
Il se dirige, avec raison,
Pour aider sa mère chérie.

L'âme toute pleine d'amour,
Gentiment les siens il embrasse,
Demande ce qu'il faut qu'il fasse,
Et s'empresse ainsi chaque jour.

C'est lui qui prépare la table,
Va faire les commissions,
Puis il a mille attentions
Pour son frérot moins raisonnable.

Dès que ces soins sont achevés,
On les voit s'amuser tranquilles.
Il sait par des conseils habiles
Et des sentiments élevés.

Diriger ce tout petit frère,
Lui faisant voir le bon, le bien,
Sans le quereller pour un rien
Et lui rendre la vie amère.

Il le protège, le défend,
Sèche ses pleurs, calme sa peine.
Ses parents, d'amour l'âme pleine,
Bénissent leur aimable enfant.

Leçon et lecture. — Mes petits amis, quand on est bon et digne, on souhaite rendre le bien que l'on reçoit et l'on s'ingénie à trouver des occasions de plaire à ceux qui vous aiment. La reconnaissance est un sentiment de gratitude pour un bienfait reçu. Or, qui vous comble de plus de bien que vos parents, chers petits? Personne! C'est ce que pense le charmant enfant dont il est question dans notre poésie : et il ne se contente pas seulement d'aimer ses parents et de leur manifester cet amour par des paroles, des caresses; mais il leur prouve sa reconnaissance en se montrant prévenant, empressé, obligeant. Il soulage sa mère à la maison et la rend heureuse en s'occupant de son petit frère. Soyez ainsi, mes chers enfants! Tout petits que vous êtes, vous pouvez alléger vos parents en leur rendant mille petits services inhérents à votre âge, et ces petits sacrifices, auxquels vous vous serez habitués dès à présent, vous disposeront à les entourer de soins affectueux, à leur procurer quelques joies lorsque vous serez des hommes et que, devenus vieux, ce cher père et cette chère mère n'auront que vous pour soutien!

Maxime. — Un enfant reconnaissant aime bien ses parents; il les soigne dans les maladies et les assiste dans la vieillesse.

7e LEÇON. — La Désobéissance.

OBÉISSANCE FILIALE.

Sur le duvet soyeux des petits reposaient,
Dans le nid paternel que le zéphir balance,
Et le père et la mère en leur chant leur disaient
Avant de les quitter pour chercher leur substance :
        « Petits oiseaux,
        » De vos berceaux
» Ne fuyez pas, attendez votre mère :
» Vos ailes ne pourraient vous porter sur la terre. »

L'aîné, se croyant fort, monte au rebord du nid
Épris de liberté, son œil sonde l'espace ;
L'imprudent, oubliant la leçon qu'on lui fit,
Veut essayer son vol et part avec audace.
        Qu'arriva-t-il
        Dans ce péril ?
    Il se blessa. Quelle douleur amère !
On se repent toujours, mes petits, de mal faire.

Leçon et lecture. — Quand on a de l'amour et de la reconnaissance pour ses parents, on leur obéit avec empressement et déférence; on fait tout de suite ce qu'ils nous commandent.

L'obéissance est le principal devoir de l'enfant, car il est faible, ignorant, et ne connaît pas les dangers qui l'entourent; c'est pourquoi Dieu l'a placé sous la protection de ses parents pour le conseiller, le conduire, le guider.

Les parents aiment beaucoup leurs enfants et n'ont rien de plus précieux au monde; ils ne leur commandent donc que ce qui peut contribuer à leur bonheur. Du reste, la loi civile en est si convaincue, qu'elle place les enfants sous la tutelle des parents jusqu'à vingt et un ans, et les rend responsables de leurs actes: ainsi, un petit garçon ou une petite fille qui ferait des dégâts chez des étrangers, occasionnerait des pertes d'argent et même des procès à ses parents.

Vous pensez bien, mes petits amis, que vos parents savent ce que vous devez faire. Et vous sentez que vous êtes trop ignorants de la vie pour vous diriger tout seuls. Aussi je suis persuadée qu'il n'y en a point parmi vous qui soient assez sots, assez méchants pour désobéir à leurs parents. C'est bon pour des oiseaux inconscients de s'élancer à l'aventure au risque de briser leurs jeunes ailes, et faire ainsi tant de peine à leurs parents. Vous êtes des êtres raisonnables, capables de résister à un caprice, et désireux surtout de faire plaisir à votre famille, que vous attristeriez en résistant à toute autorité. Passe qu'un tout petit bébé, qui ne sait pas réfléchir, touche le feu, quoiqu'on le lui ait défendu, et se brûle; mais dès qu'on a six ans, on est sérieux et on comprend qu'on fait mal en n'étant pas docile. Obéir à ses parents et à ses maîtres est la première marque de soumission à la règle du devoir.

Maxime. — Je serai bien obéissant. Je ferai promptement et le mieux possible ce que l'on me commandera pour devenir un jour un être circonspect, utile et digne de commander à mon tour.

8e LEÇON. — Devant un tableau.

AMOUR ET RESPECT FILIAL

A Madame Doullic.

Jugez, comme moi, si l'histoire est bonne.
C'était au musée où flânaient mes pas.
Deux bébés ayant esquivé leur bonne
Jugeaient un tableau sans nul embarras.

« Vois-tu, disait l'un, la belle Madone
» Qui tient son Jésus pressé dans ses bras,
» Ainsi que maman est toute mignonne.
» Mais un air si doux, ça ne se peut pas ! »

L'autre lui répond : « Oh ! non ! la plus belle,
» La meilleure aussi, c'est ma mère à moi ! »
— Il disait cela le cœur plein d'émoi.

Tout prêt à combattre et vaincre pour elle,
Poings levés, les deux disaient bravement :
« Oui, la plus jolie, oui ! oui ! c'est maman ! »

Leçon et lecture. — Vous avez raison, petits amis, c'est votre maman qui est la plus belle, la meilleure! C'est votre papa qui est le plus fort, le plus noble. Les enfants qui ne penseraient pas ainsi seraient de mauvais fils.

Mais ils sont vraiment charmants dans leur simplicité, les deux bébés de notre poésie. A leurs yeux, c'est leur maman qui est la plus belle et la plus sainte des madones, et ils la défendent avec un soin jaloux. Ce sont de braves enfants.

Pour un bon fils, en effet, que peut-il y avoir de supérieur à ses parents, de plus grand, de plus noble? Rien! Chaque jour il est témoin de leur abnégation, de leur dévouement à son égard; il contemple et partage leur vie honnête, reçoit l'exemple de leurs vertus; il les admire, les vénère, les aime et ne voit rien de plus sublime sous les cieux! Tel est le sentiment de respect qu'il éprouve pour eux, que sa pensée les élève au-dessus de tout, parce qu'il les sent au-dessus de lui, et comprend n'être rien et ne pouvoir rien sans eux!

Honorez donc vos parents, mes chers petits, faites-en le devoir le plus sacré de votre vie. S'ils ont des travers, rappelez-vous qu'un enfant respectueux ne doit avoir d'yeux que pour voir leurs bienfaits et leur amour.

Maxime. — L'amour et le respect que je dois à mes parents sera le sentiment le plus doux et le plus sacré de mon cœur : Que je meure plutôt que d'y faillir.

Dévouement filial et fraternel.

CHAPITRE III

FRÈRES ET SŒURS

Devoirs des frères entre eux.

9e LEÇON — La Petite Garde-malade.

(DÉVOUEMENT FILIAL ET FRATERNEL.)

Dans ce petit lit blanc, un pauvre enfant repose;
Ne faites aucun bruit... ne le réveillez pas!
Dieu veuille le bercer de quelque rêve rose!
Chut!... ôtez vos sabots pour amortir vos pas.

De la mort il revient... A peine encore on ose
Croire qu'il va guérir et l'on pleure tout bas:
Sa sœur fait la câline... Oh! quelle douce chose
Ses soins et son amour l'ont sauvé du trépas.

Les parents au travail doivent marcher quand même.
Les champs n'attendent point ! C'est le temps des moissons.
Ils partent âme et corps agités de frissons...

Mais leur aînée est là qui tant, hélas ! les aime !
« Allez, dit la fillette, et calmez votre émoi.
» Frère est mieux... je le veille... et... confiez en moi. »

Leçon et lecture. — Savez-vous ce qu'est le dévouement, mes petits amis ? C'est un sentiment qui nous porte
à sacrifier nos goûts, nos préférences, notre bien-être,
notre vie même, au bonheur des autres. Le dévouement
est la forme suprême de la charité, de l'amour du prochain. Après cela, peut-être penserez-vous qu'il est assez
difficile à exercer pour des petits enfants comme vous ?
Un enfant qui cherche à marquer sa reconnaissance en
aidant ses parents de toutes les manières fait preuve de
dévouement. Toutes les familles sont plus ou moins éprou-
vées par des malheurs, des maladies. Dans ces circonstances, les enfants peuvent devenir des gardes-malades
vigilants, épiant les désirs, les besoins de leurs chers
alités, ainsi que la gentille petite fille dont le dévouement
excite votre admiration dans la poésie précédente.
Sa belle conduite dévoile à nos yeux la bonté et la
délicatesse de son cœur. Un des meilleurs moyens, en
effet, de marquer sa reconnaissance envers ses parents,
c'est de témoigner une grande affection à ses frères et
sœurs, car ceux-ci sont, comme nous-mêmes, ce que
nos pères et mères ont de plus cher au monde. Les
aimer, les soigner, se dévouer pour eux, ainsi que le fait
notre petite héroïne, attentive auprès de la couche de
son petit frère malade, c'est encore aimer ses parents
et leur marquer son dévouement. Les soins étrangers,
les soins mercenaires ne valent jamais les soins affec-

lieux de la famille. D'ailleurs, vous appartenez tous, mes petits amis, à des milieux où les dépenses imprévues sont impossibles parce que les revenus dont on jouit chez vous, entièrement dus au travail de vos papas, sont limités.

D'autre part, si vos parents étaient obligés de rester à la maison pour veiller ceux d'entre vous qui sont souffrants, ils ne pourraient rien gagner, et vous voyez, alors, l'impossibilité où ils seraient d'acheter les remèdes ou autres choses nécessaires à leur guérison et au bien-être de la famille. C'est donc aux aînés ou aux bien portants qu'il incombe, en pareil cas, de soigner les malades.

Tenez, la petite Eugénie, votre compagne, le fait en ce moment. Vous savez qu'elle soigne son papa avec un dévouement touchant, pendant que sa maman est à faire son service chez Mme H., qu'elle n'a pu quitter en cette circonstance, parce que ce travail lui procure un peu d'argent pour acheter quelques douceurs au cher malade. Je sais qu'une voisine lui conseillait de le mettre à l'hôpital, mais la brave femme s'est récriée, et les enfants ont pleuré à l'idée de voir partir leur père. « Quoi! abandonner mon pauvre homme au moment où il a le plus besoin de tendresse? ne pas lui prodiguer mes soins affectueux? le priver de la vue de ses enfants? Non! non! chère voisine! Ce serait le tuer! Il faudrait, voyez-vous, que je fusse plus malade que lui et qu'on nous y portât tous deux! Notre dévouement de chaque minute le sauvera plus sûrement que toute la science qu'on déploierait là-bas! » Je l'ai fort approuvée, et loue cette attitude qui marque la dignité et l'union de cette famille. Les honnêtes gens pensent tous ainsi.

Maxime. — Aimer ses frères et sœurs, c'est aimer son père et sa mère, parce que les parents n'ont rien de plus cher au cœur que leurs enfants. Si mon frère ou quelqu'un de ma famille est malade, je le soignerai avec tendresse et dévouement pour aider ma bonne mère et lui marquer mon amour.

10ᵉ LEÇON. — La Petite Maman.

ON DOIT AIDER SES PARENTS

Mon petit frère
Dort sur mon cœur,
Pendant que mère
Fait son labeur.

Et, pour lui plaire,
En bonne sœur,
Je lui tolère
Tout, sans aigreur.

Le petit homme
N'a pas un an...
Pauvre fanfan !

C'est sa sœur, comme
Elle en a huit,
Qui le conduit.

Leçon et lecture. — Mes enfants, cette petite poésie ne vous fait-elle pas penser à l'une d'entre vous? Pour ma part, il me semble voir Marguerite tenant sa petite sœur dans ses bras, la choyant, la dorlotant, la soignant avec cette tendresse dont elle nous a si souvent donné le touchant spectacle. Aussi, avec quelle confiance la mignonne sœurette chérit son aînée! Vous avez entendu qu'elle l'appelle « maman »! Quel nom plus doux et plus respectable eût-elle pu trouver en reconnaissance de la sollicitude profonde dont sa grande sœur l'entoure depuis sa naissance? Margot a fait prendre le biberon à ce Benjamin pendant que leur mère était malade. C'est elle encore qui s'en charge au retour de l'école. Toutes les grandes sœurs, tous les frères aînés devraient agir ainsi envers leurs cadets. D'abord, c'est bien plus amusant de jouer à la petite maman avec son petit frère qu'avec une poupée, parce que celle-ci est insensible. Mais un petit frère qu'on soigne bien, le sent, le comprend, il vous aime, vous embrasse et vous dit « Merci » de tout son cœur.

Puis, mes enfants, s'occuper de ses petits frères, c'est être utile à ses parents, et lorsqu'on s'aime bien en famille, on cherche toutes les occasions de se rendre mutuellement service; or, il n'est pas d'attention qui touche plus sensiblement une mère que de voir les aînés la seconder auprès de ses plus jeunes enfants.

Maxime. — Avoir du dévouement pour ses parents, c'est les alléger autant qu'on peut de leurs fardeaux et les soulager de leurs peines. Un enfant affectueux se montre utile et remplace sa mère auprès de ses petits frères qu'il aime d'ailleurs profondément.

11ᵉ LEÇON. — Ne soyez pas jaloux.

AMOUR FRATERNEL

Quand un enfant est bon et sage,
Il a l'esprit, le cœur contents :
Comme un doux soleil de printemps
La joie éclaire son visage.

Il ne prend pas un air boudeur
Si l'on caresse petit frère :
Plus jeune il reçut de sa mère
Mêmes baisers remplis d'ardeur !

Pour les retenir à la vie
On choie ainsi les tout petits ;
Sans cela de quitter leurs nids
Pour le ciel ils auraient envie.

Votre maman pleurerait fort
De voir partir l'ange qu'elle aime ;
Vous souffririez beaucoup vous-même
De le voir aux bras de la mort.

Dans votre cœur donnez sa place
Au petit frère avec amour,
Et que des vôtres, chaque jour,
Cette amitié le bonheur fasse.

Pour le garder auprès de vous,
Aimez-le de toute votre âme,
Et d'une maternelle flamme,
Enfant, ne soyez pas jaloux.

Leçon et lecture. — Une enfant qui n'est pas jalouse
et qui aime bien son petit frère, c'est Suzanne D... Elle
n'est heureuse que lorsqu'on s'occupe de lui. Hier, elle
vint chez moi, je n'avais qu'un biscuit et voulais le partager entre elle et le bébé : « Oh non ! madame, m'a-t-elle
dit, j'aime mieux que petit frère l'ait tout entier. » Ce n'est
pas seulement cela qui me fait dire qu'elle est dévouée
pour son frère ; c'est l'affection excessive que le bambin
a pour elle, car les enfants, à cet âge, sont généralement
égoïstes et n'aiment bien que ceux qui les gâtent beaucoup ;
or, du plus loin que celui-ci aperçoit sa sœur, il trépigne
de joie, tend ses petites mains, et, la figure rayonnante,
gazouille mille « gue gue » pour lui souhaiter la bienvenue.
Je dis que Suzanne doit s'être montrée bien dévouée,
bien affectueuse envers ce petit bonhomme pour avoir
captivé ainsi son attachement. Je ne saurais trop, mes
petits amis, vous donner cette enfant pour exemple.

Dès qu'on a cinq ou six ans, on peut être le petit père, la petite mère de ses frères plus jeunes et accomplir quelques sacrifices pour leur plaire.

Les frères et les sœurs : c'est comme la même âme dans plusieurs corps, ce serait bien extraordinaire qu'ils ne s'aimassent pas profondément ! Aussi, les mauvais frères sont si rares, si rares, que vous n'en connaissez pas assurément. Et, d'ailleurs, parmi vous, il n'y a que des enfants dont l'amour fraternel fait la joie de leurs parents.

Maxime. — Loin de jalouser mes petits frères, je les soignerai avec amour et partagerai mes jouets avec eux, pour prouver mon affection à mes chers parents et leur faire plaisir.

12ᵉ LEÇON — La Grande Sœur.

VERTU DE L'EXEMPLE

Je suis une bonne sœurette,
J'apprends petit frère à compter,
Et chaque jour je lui répète
Le refrain qu'on m'a fait chanter.

Mot par mot sa voix le fredonne,
Plus il se trompe, plus on rit;
Non seulement on lui pardonne,
Mais on lui trouve de l'esprit.

Sur ses doigts, avec gentillesse,
Il dit bien : « Deux et quatre, six; »
Pourtant, quelquefois, s'il se presse,
Il bredouille : « Cinq et trois, dix! »

Pour frérot j'ai de l'importance,
Il m'écoute les yeux ravis,
En sa sœur il a confiance
Et, toujours, est de mon avis.

Avant d'agir, il me contemple,
Cherchant mon appui, je conçois
Aussi, pour lui servir d'exemple,
Je ne fais que ce que je dois.

Leçon et lecture. — Voilà une fillette qui comprend si bien ses devoirs envers son petit frère, que je ne vois pas trop ce que je pourrais vous dire après elle, si ce n'est vous conseiller de l'imiter.

Elle est patiente, douce, bonne et maternelle, enseignant ses leçons au bébé, lui aidant ainsi à vaincre les premières difficultés de l'étude, toujours rébutantes, et de cette manière lui épargnant bien des larmes pour l'avenir.

Cette première action est d'une bonne sœur, comme elle le dit elle-même, car c'est par l'aide qu'on prête aux siens et par des prévenances de toutes sortes, bien mieux que par des paroles et des protestations, qu'on leur prouve son amitié. Secondement, après l'aide et la protection qu'elle accorde à son petit frère, elle a le soin de se surveiller de ne faire que ce qui est juste et bon, pour lui servir de modèle, car elle sait que sa conduite sera la leçon vivante, l'exemple que suivra le bambin, de préférence à tous les bons conseils que l'on pourrait lui donner.

Vous trouvez, n'est-ce pas, mes enfants, que cela est très bien penser et très bien agir de sa part?

Aussi notre fillette en est-elle récompensée par l'extrême confiance, l'affection respectueuse de son frérot, aux yeux de qui elle a une telle importance, qu'il l'écoute l'air ravi, convaincu qu'elle ne saurait avoir tort ni se tromper, et gagné à ses raisons avant même que de l'entendre.

— Ce n'est point par vanité qu'elle est heureuse de la royauté qu'elle exerce sur le cœur et l'esprit de ce petit frère : royauté qu'elle a conquise à force d'abnégation et de dévouement.

Maxime. — Je m'exercerai de bonne heure aux petits sacrifices envers mes frères, dans la famille : je les aiderai, partagerai tout avec eux, pour devenir plus tard, dans la société, capable des actes de dévouement qui font l'honneur et la gloire de l'humanité.

19ᵉ LEÇON. — Anciens Droits d'aînesse.

Ah ! de nos temps qu'il fait bon vivre !
Car ce n'est plus comme autrefois,
Ainsi que le conte mon livre,
Où l'aîné gardait tous les droits :

Il conservait seul l'héritage
De ses parents, de ses aïeux,
Et les cadets, en tout partage,
Avaient pour pleurer leurs deux yeux.

On vous les confinait au cloître,
A moins qu'en de brillants combats,
La gloire, enfin, ne fît accroître
Leur renom de vaillants soldats.

Aujourd'hui, quelle douce chose !
Premiers et derniers sont égaux :

Autant de bons baisers l'on pose
Sur le front des laids, des plus beaux.

Ils sont bannis, ces vieux usages
Qui viendraient meurtrir notre cœur.
Il nous faut donc être bien sages
Pour mériter tant de bonheur.

Leçon et lecture. — Mes enfants, de tout temps les aînés ont eu des devoirs à remplir envers les cadets. Si l'ancienne coutume accordait certains privilèges aux premiers nés, elle leur octroyait aussi, en revanche, de grandes obligations morales. Par exemple, le fils aîné, considéré comme le chef de la famille, devait pourvoir à l'établissement de ses frères et sœurs, et remplacer auprès d'eux leurs parents décédés.

Autrefois, comme aujourd'hui, lorsque les biens de la fortune manquaient à une famille, l'aîné n'en héritait pas moins de ses devoirs de protection envers les cadets, et devait se dévouer pour leur venir en aide.

Cependant, de nos jours, les enfants sont plus choyés, plus caressés et, partant, plus heureux qu'ils ne l'étaient jadis, où une grande sévérité, un respect exagéré régnaient au sein des familles.

Je crois que c'est Madame de Maintenon qui ne se souvenait avoir été embrassée qu'une seule fois par sa mère, et encore sur le front!

À notre époque, les rapports sont plus tendres et empreints de plus de simplicité entre parents et enfants; peut-être même sont-ils un peu trop familiers, ce qui engendre quelquefois des manquements aux règles de l'obéissance et au respect, de la part d'enfants peu réfléchis.

Pour vous, mes petits amis, les bons sont vos parents

seront une raison nouvelle de les chérir davantage, en pensant à vos devanciers qui n'ont pas eu le même bonheur, et en craignant aussi que trop d'exigences de votre part ne forcent un jour la société à revenir à des coutumes moins bienveillantes à votre égard pour les mauvais fruits qu'elle aurait recueillis de son extrême condescendance.

Maxime. — Mes parents me choyent, me comblent de tendresses. Je veux les aimer de tout mon cœur, les respecter et leur obéir pour les récompenser de tout leur amour pour moi.

CHAPITRE IV

PARENTS ET GRANDS-PARENTS

Continuation des Devoirs dans la famille

14ᵉ LEÇON. — Mes Grands-Parents.

AMOUR ENVERS LES GRANDS-PARENTS

J'aime grand'mère et grand papa
De tout mon cœur, avec tendresse,
Dire à quel point, je ne puis pas :
Eux sont pour moi pleins de faiblesse.

Grand'mère gronde quelquefois
Lorsque j'embrouille sa pelote,
Elle menace des deux doigts,
Tirant le fil qu'elle tricote.

Mais je saute sur ses genoux
Et la paix aussitôt est faite;
Pour grand-père, un baiser bien doux
Également fait sa conquête.

C'est lui qui me tient par la main
Pour aller au bois le dimanche,
Après le service divin,
Cueillir la pâquerette blanche.

Il m'enseigne à lire au ciel bleu,
Dans la création immense!
Sa voix me dit d'adorer Dieu
Et, surtout, de chérir la France.

Son cœur me forme à la raison.
Ah! que je l'aime, mon grand-père :
Longtemps, longtemps à la maison
Qu'il vive : telle est ma prière!...

Leçon et lecture. — Un jour, il y a bien longtemps de cela, j'ai vu pleurer un vieux grand-père parce que sa petite-fille lui reprochait le pain qu'il mangeait, étant infirme, lui qui, dans sa jeunesse, avait tant travaillé, tant gagné et tout donné à ses enfants. Oh! comme j'ai souffert de voir couler ses larmes! Il me semblait que chacune d'elles retombait en malédiction sur la tête de la malheureuse enfant qui les faisait couler, et si j'eusse été coupable de ce crime, il me semble que je n'eusse pu vivre une heure de plus, étouffée par le repentir.

Vous, mes petits, vous ne pouvez comprendre, n'est-ce pas, qu'on n'aime point son grand-père, ce bon vieillard qui vous chérit avec une affection particulière et vous gâte même beaucoup, pénétré pour vous d'une tendre faiblesse qu'il n'a jamais éprouvée pour ses propres enfants. Cette faiblesse, qui nous paraîtrait un tort chez tout autre, est une grâce de plus en vos aïeuls, et nous l'excusons volontiers parce que nous apprécions le sentiment qui la fait naître en leur cœur. Vous êtes à leurs yeux le jeune rameau qui refleurit leur souche, perpétue leur race, et ils sont si heureux, à quelques pas de la tombe, de se sentir revivre en vous.

Donc, s'il existe de méchants garçons, de vilaines filles, qui manquent à leurs devoirs envers leurs grands-parents, vous n'êtes pas de ceux-là. Vous leur prodiguez, au contraire, le respect, la reconnaissance, l'amour auxquels ils ont droit, car ils vous ont faits ce que vous êtes, puisque c'est d'eux que votre père et votre mère tiennent la vie, les vertus et les biens qu'ils vous ont transmis. C'est pourquoi vous honorez vos grands-parents à l'égal de vos parents, sachant que tout acte impie à leur égard vous attirerait le mépris des hommes et la colère de Dieu.

Maxime. — Je donnerai à mon grand-père et à ma grand'mère une des premières places dans mon cœur, la chambre la plus confortable dans ma maison, les meilleurs morceaux à ma table, la plus chaude place à mon foyer, pour attirer sur moi l'estime des gens de bien et les bénédictions du Ciel.

15ᵉ LEÇON. — C'est la fête à Tante.

ONCLES ET TANTES

Mon frère, c'est la fête à tante!...
Allons lui cueillir un bouquet;
En ce jour, qu'elle soit contente,
Mêlons-y lilas et muguet!

Elle aime les douces pervenches,
Simples fleurettes de nos bois,
Cueillons-en des jaunes, des blanches,
Ça lui fera plaisir, je crois!

Une tante est presque une mère,
Il faut l'aimer de tout son cœur;
Le sang l'unit à notre père,
Ainsi qu'entre nous, frère et sœur.

Ils ont goûté mêmes caresses,
Appuyés sur le même sein,
Notre grand'maman, ses tendresses
Leur prodiguait, soir et matin.

Ils ont eu mêmes jouissances,
Mêmes baisers, remplis d'amours,
Et, comme nous, leurs espérances
Les entraînent, unis toujours.

Oncles, tantes, cousins, cousines,
C'est le même souffle épandu
D'un seul cœur dans plusieurs poitrines,
Même qui s'est répandu.

Cela s'appelle la famille,
Nom béni, mille fois sacré!
Pour être bon fils, bonne fille,
À tel amour restons ancré.

Leçon et lecture. — Mes petits enfants, votre famille
ne se compose pas seulement de votre papa et de votre
maman, de vos frères, vos sœurs, vos grands-pères et vos
grand'mères, mais encore de vos oncles, vos tantes, vos
cousins, vos cousines, etc. Ceux-ci sont issus du même
sang que vous, et ont par cela même droit à toute votre
affection. Une tante est presque une mère, dit la chanson, la fillette de votre poésie. Elle a raison. Elle comprend que, le malheur la rendant orpheline, ce serait à
ses oncles et à ses tantes qu'incomberait le devoir de
tenir lieu, auprès d'elle, le père et la mère qu'a va plaidé.

aurait ravis; et elle les aime de tout son cœur et a pour eux de la reconnaissance.

— Rien n'est joli, mes enfants, comme une famille bien unie; le bonheur règne dans son sein avec la douce paix, et tous ses membres réussissent à se frayer une carrière honnête et respectable, grâce à l'aide mutuelle qu'ils se prêtent les uns les autres dans la vie.

Habituez-vous donc, mes enfants, à ne pas considérer les vôtres comme des étrangers, si éloignés qu'ils soient de vous; aimez-les de toute votre âme, ayez le désir de vivre rapprochés d'eux, et cette amitié répandra la plus pure joie dans votre existence.

Maxime. — Mes oncles et mes tantes sont les frères et les sœurs de mon père, de ma mère; après ceux-ci, ils doivent occuper une grande place dans mon cœur. Je les aimerai donc par amour de mes parents et de mes grands-parents, et, si je le peux, je les aiderai dans leurs besoins.

16ᵉ LEÇON. — La Famille.

Amis, que c'est doux la famille !
D'en avoir remercions Dieu !
Tandis qu'au dehors il grésille,
Réunis autour d'un bon feu,

Notre mère tirant l'aiguille,
Grand'père fait un conte bleu,
Et le petit frérot babille,
Son œil se ferme... il dit « Adieu. »

Et bientôt, dans un lit de plume,
Loin de la pluie et de la brume,
Tous dormiront sous l'heureux toit.

Mais s'il est des enfants sur terre,
Qui n'ont, hélas ! foyer ni mère...,
Oh ! par ce temps, quels ont donc froid !

Leçon et lecture. — Mes chers enfants, avez-vous quelquefois réfléchi à votre extrême bonheur d'avoir une famille, c'est-à-dire le sein d'une mère pour apaiser vos chagrins, le bras d'un père pour vous protéger, un lit douillet et chaud pour bercer vos doux rêves, des vêtements confortables pour vous couvrir, et, aux heures des repas, une soupe appétissante pour calmer votre faim?

Avez-vous songé que beaucoup, beaucoup d'enfants sur terre sont privés de ce bonheur, sevrés de toutes les tendresses et sont relégués dans de froids refuges; où la charité publique peut leur donner du pain, mais point ces caresses maternelles, aussi nécessaires à l'éclosion de leur jeune âme que la nourriture au développement de leur corps?

Si vous avez quelquefois pensé à ces choses, vous avez dû remercier Dieu du plus profond de votre cœur de vous avoir accordé un tel privilège, et vous avez dû prendre la résolution d'être bien sages, bien bons, bien vertueux, pour mériter que le Ciel conserve longtemps tous les vôtres à votre amour? Oui, mes enfants, la joie suprême surtout c'est l'affection des siens, la vie familiale, comme aussi le malheur suprême est la perte de ceux qui nous sont chers et qui nous aiment!

Un pauvre orphelin est comme une plante sans appui, battue des vents que la tempête aura bientôt déracinée, et toutes les richesses de la terre ne valent pas, pour lui, la protection, le sourire d'une mère.

Maxime. — Reconnais saut mon bonheur d'avoir une famille, de préférence à tant d'orphelins sevrés de caresses maternelles, je serai sage, bon et vertueux pour mériter que le Ciel conserve longtemps les miens à mon amour.

CHAPITRE V

MAITRES ET SERVITEURS

Devoirs envers les serviteurs

17° LEÇON. — La Bonne Servante.

Qui donc veille sur ce berceau
Avec un soin tendre et fidèle,
Ainsi qu'au nid le doux oiseau
Sur sa couvée ouvre son aile ?

A son air heureux, triomphant
On peut reconnaître une mère.
Non, celle qui berce l'enfant
N'est qu'une pauvre mercenaire.

Cette simple fille des champs
Accomplit une rude tâche,
Comme les meilleures mamans,
Nuit et jour, veillant sans relâche !

Elle soigne dedans leur lit
La mère et le bébé malades,
Et son visage à tous sourit,
Sans plaintes, sans jérémiades !

Aussi, comme dans la maison
Chacun estime la servante !
Tous lui rendent à l'unisson
Bonne amitié : ce qui l'enchante.

Bébé veut dormir sur son cœur
Et la couvre de ses caresses.
Madame affirme que « sa sœur
N'a pas plus droit à ses tendresses ! »

Si pour suivre un jour un mari
Elle quitte cette famille,
Dans leur souvenir attendri
Toujours vivra la bonne fille.

Leçon et lecture. — On m'a raconté que certains petits enfants impérieux et mal élevés, à coup sûr, commandent avec arrogance à leur servante ou aux ouvriers de leur père en disant : « Je veux ! »

Cette conduite de leur part est non seulement la preuve d'une très mauvaise éducation, mais d'un très mauvais cœur.

Les domestiques et les ouvriers sont des hommes dont on doit respecter la dignité en les traitant avec politesse et convenance et qui ne doivent pas être commandés par des enfants, lesquels n'ont aucune autorité pour cela; mais les enfants, au contraire, doivent obéir à leurs serviteurs lorsque ceux-ci ont reçu de leurs parents l'ordre de les diriger.

Les serviteurs, qui vivent dans la maison, font en quelque sorte partie de la famille et se montrent pleins d'abnégation, de dévouement, lorsqu'ils ne sont pas maltraités. Voyez avec quelle tendresse la jeune servante dont il est question dans notre poésie, se dévoue aux maîtres qu'elle sert, avec quelle abnégation elle soigne sa maîtresse malade!

Tenez, ceci me fait penser que la petite Joséphine, votre compagne, dont la maman est morte il y a deux ans, a une servante qui la soigne comme une vraie mère et fait preuve de la plus grande noblesse de cœur envers la famille de Joséphine. Depuis que sa maîtresse est morte, on ne l'a pas vue prendre un moment de repos. Il semble qu'elle ait à tâche d'alléger la douleur de chacun autour d'elle, en leur prodiguant les soins et l'affection qu'ils pouvaient attendre de la chère morte. Aussi, on l'aime dans la maison et on la vénère comme un membre chéri de la famille.

Voulez-vous, mes amis, être soignés avec amour par vos domestiques? Traitez-les avec bonté et soyez reconnaissants des services qu'ils vous rendent.

Maxime. — Les serviteurs, ainsi que les apprentis et les ouvriers doivent accomplir ponctuellement leur tâche, ne pas perdre leur temps, ne rien gaspiller, pour mériter la confiance et l'estime de leurs maîtres.

18ᵉ LEÇON. — La Nounou malade.

LES BONS MAITRES

« Faisons bien doucement, dit la petite Jeanne,
» La nourrice est malade et l'on fait sa tisane;
» Celui qui sera sage ira la lui porter;
» Maman me l'a promis : Elle est à l'apprêter! »

Disant ces quelques mots notre fillette entraîne
Son frère, un bel enfant, qui la suit à grand'peine,
Et le marmot trébuche et se blesse au genou!...
Ses yeux pleurent!...
       Soudain, pensant à sa nounou,
Il contemple son sang, il étouffe ses larmes,
Et d'un air si naïf, d'un œil si plein de charmes,
Il regarde sa sœur, et très vaillant lui dit :

« Moi, j'entendais, hier, le Monsieur qui guérit;

» En partant, il disait à maman, sur la porte :
« Nounou n'a pas de sang. » Allons, que ze lui porte
    » Vite, vite le mien !
    » Ça lui fera du bien. »

Leçon et lecture. — Les bons domestiques font les
bons maîtres. Je suis persuadée que la nounou dont on
relate ici la maladie, doit être une bonne personne, bien
dévouée à ses maîtres et surtout très attachée à son nou-
risson qui a pour elle tant d'amitié. Il est mignon ce bébé
qui veut donner son sang à sa nounou ! et sa naïveté est
vraiment touchante ! Voyez aussi que la mère du bébé
soigne la nounou avec tendresse, par reconnaissance des
soins que celle-ci a donnés à son enfant. Sans doute, cette
nounou est restée servante dans la maison où elle est
considérée comme de la famille, et on lui prodigue les
attentions les plus délicates.
Cela est bien, n'est-ce pas, mes enfants, d'avoir de la
considération pour les domestiques et de les soigner tendrement quand ils sont malades? Il faut toujours agir
envers eux comme nous voudrions qu'on agît envers
nous si nous étions obligés de servir. Or, nous serions bien
heureux qu'on nous témoignât de l'affection. Eh bien !
soyons bons et doux envers nos serviteurs qui, après
tout, sont des frères. Oui, mais il faut aussi que ceux-ci
le méritent par leur discrétion, leur honnêteté, leur
probité.
Par exemple, la maman de Lucie ne pouvait témoigner
beaucoup de sympathie à la servante qu'elle dressait
avec beaucoup de mal, celle-ci étant paresseuse, désor-
donnée, gourmande, voleuse et pleine de mauvaise volonté.
Quand on l'envoyait au marché, toujours elle comptait
plus cher que ce qu'elle avait acheté, touchait à toutes les
friandises qu'elle pouvait attraper et laissait toute la mai-

son en désordre, sans compter qu'elle racontait à tout venant les affaires de ses maîtres, non sans y ajouter en mal. Vous comprenez qu'on soit vite fatigué de serviteurs pareils et qu'on les renvoie : A chacun selon ses mérites ! Mais on ne saurait avoir trop d'attachement pour ceux qui sont bons et honnêtes, pour ceux qui, ayant des sentiments affectueux, ont été forcés néanmoins par la nécessité de quitter le foyer de leurs affections, pour aller gagner leur vie chez des étrangers, auxquels ils ne demandent pas mieux que de vouer leur amitié, de prouver leur dévouement.

Maxime. — Je traiterai mes domestiques comme je voudrais qu'on me traitât moi-même si j'avais été forcé par la nécessité de quitter l'affection de ma famille pour aller chez des étrangers gagner ma vie.

CHAPITRE VI

DEVOIRS ENVERS LES ANIMAUX

19° LEÇON. — Myrza.

Oh ! Myrza ! ma Myrza ! Comme elle était mignonne
Avec son fin museau, ses grands et si doux yeux !
Peut-on croire, Seigneur, qu'une bête si bonne
N'ait pas d'âme et jamais ne doive voir les cieux !

Mirza, vous savez bien ? c'est ma chienne fidèle !
Un soir les eaux montaient inondant la maison,
Myrza donna l'éveil... Du dévouement modèle,
A la nage elle allait comme ayant la raison.

Poussant l'âne et le bœuf, là-bas, vers la colline
Qui s'élève au couchant, abritant le hameau,

Puis revint nous chercher, à travers la bruine,
Haletante, intrépide, entraînant le bateau.

Pauvre Myrza! ce jour, elle gardait la vache
Et les moutons sur qui le loup vint se ruer :
Sautant sur l'agresseur pour accomplir sa tâche
En sauvant le troupeau, Myrza s'est fait tuer.

La voilà, maintenant, inerte sur la terre,
L'œil encore soumis, étendue à mes pieds,
Et je sens dans mon cœur une douleur amère
Devant ce corps meurtri, ces pauvres os broyés!

Et je n'ai point de honte à la pleurer, en somme,
Elle qui sut m'aimer et mourir pour mon bien :
Pauvre bête, qui fut si digne d'être un homme,
Lorsque tant d'hommes sont indignes d'être chien!

Leçon et lecture. — Mes petits enfants, vous avez appris quels sont vos devoirs dans la famille envers vos parents, vos frères, vos sœurs, vos grands-parents, vos oncles, tantes, cousins, cousines, et envers les serviteurs qui, vivant sous le même toit que vous, peuvent être en quelque sorte considérés comme de la famille. Mais il est encore d'autres êtres dont quelques-uns vivent aussi auprès de vous, aux alentours de votre habitation, envers lesquels vous avez des devoirs à remplir. Je veux parler des animaux. Les animaux, mes enfants, ont la faculté de sentir la joie et la souffrance tout comme vous. Ne vous en êtes-vous point aperçus lorsque vous avez tiré la moustache à Minet? Il a gémi un « miaou » douloureux et s'est enfui, et vous avez compris que c'était cruel de votre part de lui infliger ce tourment. Et le bon chien fidèle, qui gambade et joue avec vous, n'a-t-il pas aussi manifesté sa douleur par un cri plaintif lorsque vous lui avez tiré la queue ou les oreilles? Vous ne recommencerez jamais plus ces jeux cruels, mes petits, parce que c'est méchant de n'avoir pas pitié des pauvres bêtes, elles qui poussent souvent la générosité jusqu'à mourir pour nous être utiles. Je n'en veux pour exemple que la bonne Myrza de notre poésie, qui fut fidèle et dévouée jusqu'à la mort. Devenez meilleurs, mes enfants, ayez la fierté de ne pas vouloir que des êtres inférieurs se montrent quelquefois supérieurs à vous par leurs instincts généreux.

Maxime. — Je serai doux et bon pour les animaux qui sont, comme moi, des créatures du bon Dieu, contre lesquelles il est injuste et méchant de se montrer cruel.

20ᵉ LEÇON. — Blanchette.

Pauvre enfant, il venait de naître
Quand sa maman mourut hier :
A la vie il vient de paraître
Et déjà goûté un fiel amer !

Pour vivre, hélas ! il faut qu'il tette !
Vite, voisine, s'il vous plaît,
Allez au pré quérir Blanchette
Qui lui donnera son doux lait !

Blanchette est notre belle vache
Que mon jeune garçon conduit,
Et qui, sans corde, sans attache,
A pas lents, derrière, le suit.
C'est elle, quelque temps qu'il fasse,
Qui met un liquide bien doux

Chaque matin dans notre tasse.
A la maison nous l'aimons tous.

Elle fournit d'excellent beurre
Dont nos petiots sont très friands.
Si nous la perdions !... J'en pleure !...
Ah ! quel chagrin pour nos enfants !
Puisque ta mère ouvrit ses ailes,
Viens sur mon cœur, pauvre orphelin,
Blanchette a de fortes mamelles
Et l'allaitera de son sein !...

Leçon et lecture. — Y a-t-il rien de plus touchant
que de voir un petit orphelin nourri et sauvé par une
pauvre bête ? J'ai été témoin de ce charmant spectacle.
Une chèvre, nourrice d'un petit bébé qui avait perdu
sa mère, ne manquait jamais de lui porter sa mamelle
aux heures accoutumées et le comblait de caresses.
Bonnes bêtes dévouées, comment peut-on leur faire
du mal ?

Vous savez, mes enfants, que beaucoup d'animaux sont
les fidèles serviteurs de l'homme ; le bœuf, le cheval,
l'âne, l'aident dans ses travaux. D'autres fournissent aux
besoins de son alimentation, tels sont la brebis, la vache,
la chèvre, qui lui donnent le bon lait et le beurre que les
enfants aiment tant. Tous lui donnent leur chair après
leur mort, et il n'y a rien dans la dépouille de ces pauvres bêtes qui ne serve à nos besoins : leur poil, leur
laine, leurs cornes, leurs os, leur peau, tout sert à notre
industrie et à notre bien-être.

Nous devons donc avoir de la reconnaissance pour
eux, les soigner, les nourrir convenablement et ne pas

les accabler de fardeaux trop lourds, comme font certains charretiers brutaux qui surchargent leurs ânes, leurs mulets et leurs chevaux, et leur administrent de grands coups de fouet pour les forcer à marcher.

Heureusement qu'il y a une loi pour protéger ces pauvres bêtes contre la brutalité des méchants. Cette loi s'appelle la loi Grammont, du nom de son auteur : ceux qui sont surpris maltraitant des animaux, sont condamnés à une amende et passibles de la prison s'il y a récidive.

Qu'on détruise les animaux féroces et nuisibles, bon ; mais il faut traiter avec douceur et bonté ceux qui nous sont utiles et ne sont pas malfaisants.

Maxime. — Je serai reconnaissant envers les animaux utiles. Je serai doux et bienveillant envers ceux qui ne sont pas nuisibles, pour être préparé à la bienfaisance envers les hommes.

11. LEÇON. — Ma pauvre Tourterelle.

J'avais, étant petit,
Une mignonne tourterelle
Qui dormait sur mon lit
Et que mes yeux trouvaient si belle!

Un jour, dans ce doux nid,
En tapinois, le chat rebelle
L'étrangla, le maudit!...

Quand je la vis battant de l'aile,
Tout mon cœur se fondit
Et je pleurai longtemps sur elle!...

Depuis lors, mon esprit
Croit voir, sanglant, l'oiseau fidèle,
Chaque fois qu'un bandit
Étreint de sa haine mortelle.

L'être dont le délit
Est celui d'un cœur qui décèle
La vertu, que proscrit
Le vicieux, qu'elle flagelle !...

Hélas ! dans tout conflit
C'est l'innocence qui chancelle !
Où méchant se gaudit
Volent plumes de tourterelle !...

Leçon et lecture. — Mes enfants, je vous ai dit dans deux leçons précédentes que vous deviez éviter de maltraiter les animaux : 1° parce qu'ils sentent comme vous la douleur et que c'est méchant et cruel de torturer un être sensible ; 2° parce que plusieurs d'entre eux : le cheval, l'âne, le mulet, le bœuf, etc., sont les fidèles serviteurs de l'homme, l'aidant dans les transports, les labours, les travaux agricoles, et que ce serait maladroit de diminuer leurs forces, de se priver de leurs services, en les maltraitant. Je vous dirai aujourd'hui : Aimez les bêtes en dehors de toutes les questions d'intérêt, mais simplement parce qu'elles sont des créatures du bon Dieu, accomplissant ici-bas le rôle qui leur est assigné dans la création. Aimez-en quelques-unes surtout pour leur douceur, leur beauté, les qualités dont elles ont mérité de devenir l'emblème et qui sont à nos yeux, à nos cœurs, un vivant exemple de fidélité et d'affection, comme la blanche tourterelle dont le poète nous décrit la triste mort.

Cependant n'ayons pas trop de haine pour son bourreau : être inconscient qui agit purement avec ce même instinct de destruction qui le rend si utile dans nos maisons pour y détruire les souris et les rats.

Mais, avec le poète, considérons plutôt que l'homme, bien plus coupable en cela, agit quelquefois avec plus de cruauté, plus de méchanceté que les bêtes qui, au moins, ne s'attaquent que très rarement à celles de leur race, tandis que les méchancetés de l'homme contre l'homme sont infinies!

Combien parmi eux, de pervers, ont nui à des justes? Tout autant, hélas! que de chats sanguinaires ont plumé d'innocentes tourterelles. Enfants, ne les imitez pas!

Maxime. — Celui qui prend l'habitude de la cruauté envers les animaux ne saurait être bon envers ses semblables. Je serai doux envers les bêtes, cela me disposera à la bonté envers mes compagnons, et cette habitude me suivra dans les relations de la vie.

22ᵉ LEÇON. — Les Fleurs.

AIMER LE BEAU, C'EST AIMER LE BIEN

De la nature,
Douce parure,
Aimables fleurs
Aux brillantes couleurs,
Vous embellissez des champs la verdure,
Vos parfums enivrent nos cœurs.

Oui, je vous aime,
Ma joie extrême
Est de pouvoir
Vous posséder, vous voir :
Votre existence est un gentil poème
Vécu du matin jusqu'au soir.

Lilas ou rose,
La fleur éclose

          A ses plaisirs,
        Ses douleurs, ses désirs
    Et n'est-ce pas une charmante chose
        Que de penser à ses soupirs!

          Suaves, belles,
        L'homme a pour elles
        Beaucoup d'amour!
        Avouons sans détour
    Qu'un frais bouquet séduit les plus rebelles;
    Sans fleurs, pas de joyeux séjour.

Leçon et lecture. — Voulez-vous, mes enfants, être disposés à la bonté, à la douceur, à toutes les belles qualités de l'âme? Aimez tout ce qui est beau! Absorbez-vous de temps en temps dans la contemplation des choses de la nature. Aimer le beau, c'est aimer le bien.

Les petits enfants, ainsi que les hommes, et plus peut-être que les hommes, peuvent avoir du goût pour les splendeurs de la création. Ils ont comme le sentiment instinctif de la vie des choses et sont pleins d'un amour, d'un respect intime pour tout ce qui respire autour d'eux.

Toutes les mères connaissent ce penchant de leurs jeunes âmes. Entendez celle-ci qui cherche à calmer le chagrin de son bébé en lui disant : « Écoute, écoute les petits oiseaux qui chantent! » Et l'enfant se tait, en effet, et prête l'oreille, ravi!

Regardez celle-ci qui apaise les larmes de cette mignonne fillette, en lui présentant une fleur!

Voyez cet autre poupon sur les bras de sa nourrice, tendant joyeux, ses petites mains à l'insecte ailé qui voltige autour de sa tête.

Et la fleur, l'insecte, l'oiseau ont la puissance, le charme qui ramène le sourire sur leurs innocentes lèvres.

Oui, mes petits enfants, les plantes respirent, vivent et meurent comme nous, et rien ne nous dit qu'elles ne sentent pas et souffrent aussi comme nous.

Ne vous faites pas un malin plaisir de les briser inutilement. Ne cueillez les fleurs que pour en orner vos demeures. Aimez-les, et vous serez pénétrés d'un doux bien-être au contact des beautés champêtres. Alors, vous deviendrez meilleurs en admirant les merveilles de la nature. Le susurrement des bois aura pour vos oreilles un charme mystérieux qui pénétrera vos cœurs et vous communiquera un peu de cette bonté infinie qui préside à l'ordre de la création.

Maxime. — Un cœur vraiment parfait respecte tous les êtres sensibles : plantes, insectes, animaux, il admire en eux l'œuvre du Créateur et, sentant le lien mystérieux qui l'unit à tous ces êtres, il les aime pour l'amour de Dieu.

CHAPITRE VII

L'ENFANT A L'ÉCOLE

Devoirs des Écoliers.

23ᵉ LEÇON. — L'Aube.

OBLIGATION DU TRAVAIL POUR TOUS, SES AVANTAGES

Déjà la voix du coq réveille la fermière
Et les petits oiseaux gazouillent aux buissons;
L'abeille en butinant bourdonne sa prière;
    Les bois entonnent leurs chansons.

Le laboureur actif attelle sa charrue
Dont il boucle les traits aux dociles chevaux;
Du village, avec bruit, passent, dedans la rue,
    Les bergers menant leurs troupeaux.

5

Courant, faisant sonner leurs joyeuses clochettes,
Brebis, moutons bêlants vont paître sur le mont ;
C'est l'heure du travail, sortez de vos couchettes,
    Enfants, faites ce que tous font.

Bientôt viendra pour vous l'instant d'aller en classe.
Vite à la tâche, enfants : selon notre pouvoir,
Du plus grand au petit, il faut que chacun fasse
    Toujours ici-bas son devoir.

Le matin est si doux : un beau soleil se lève
A l'horizon d'argent, comme un globe de feu :
Que vers le ciel rosé votre regard s'élève
    Et que vos cœurs bénissent Dieu !

Leçon et lecture. — Mes enfants, vous pourriez bien aimer votre père, votre mère, vos frères et vos sœurs, vos grands-parents, vos oncles et vos tantes, cousins et cousines, être bons pour les serviteurs, doux pour les animaux, que vous manqueriez encore à votre devoir si vous n'étiez aussi un élève studieux.

Dès l'âge de six ans, l'enfant est un petit homme, astreint, comme ce dernier, à ses devoirs professionnels.

Ces devoirs sont, pour l'écolier, avant tout, l'amour du travail.

Sans travail, nul ne peut arriver à rien. La loi du travail régit le monde. Tout travaille dans la nature : les animaux, les insectes, les plantes travaillent de concert à leur propre bien-être et au bien-être de l'humanité. Depuis le plus petit arbuste jusqu'à l'arbre géant des forêts, toutes les plantes travaillent à l'élaboration des

sucs qui verdiront leurs feuilles et produiront des fleurs
et les fruits dont leurs branches seront parées et servi-
ront à notre nourriture. Le coton, le lin, le chanvre nous
vêtissent, l'abeille fait son miel, le ver à soie son cocon.
Le moindre brin d'herbe, le plus petit insecte, accomplis-
sent leur œuvre. N'y aurait-il que l'enfant qui serait
inactif et n'apporterait pas son écot, n'accomplirait pas
sa tâche dans le grand Tout de la création? Non! étant un
être plus parfait, il est soumis à plus d'obligations. La loi
morale lui ordonne de développer son intelligence dans
la mesure de ses facultés pour acquérir la somme des
connaissances qui le mettront un jour à l'abri du besoin,
en feront un homme dans toute l'acception du mot, et lui
permettront d'ajouter sa part aux richesses acquises par
l'humanité depuis tant de siècles, et que chaque génération se fait honneur de transmettre à l'autre génération
comme un héritage glorieux.

Maxime. — C'est le travail qui nous procure progrès
et bien-être. Je travaillerai pour devenir savant, si c'est
possible, être utile à la société et mériter les éloges de
mes parents et de mes maîtres.

24ᵉ LEÇON. — Mon École.

DEVOIRS DE L'ÉCOLIER

J'ai six ans ! je suis grand garçon !
Tous les jours je vais à l'école ;
Vous pouvez croire à ma parole,
Je l'aime autant que ma maison.

D'abord, mon école est jolie,
Par un très grand ordre embellie ;
Elle a de beaux contrevents verts,
A l'air pur, au soleil ouverts ;

Un jardin qui fait sa parure,
Où nous apprenons la culture :
Les grands y versent leurs sueurs,
Les petits de l'eau sur les fleurs.

Pas un maître aux regards moroses.
Aussi, comme on se sent heureux

D'étudier les belles choses
Qu'on apprend sans cesse avec eux !

J'y viens content, l'âme sereine,
Toujours dispos à travailler,
Pour mes maîtres voulant briller,
— Très reconnaissant de leur peine.

Leçon et lecture. — Autrefois, petits enfants, on ne prenait pas tant de précautions pour vous instruire. Une étable abandonnée, une salle froide et dénudée, quelquefois même une cave : tels étaient les lieux où les enfants des pauvres allaient apprendre à lire et à écrire, et encore heureux ceux qui pouvaient recevoir une instruction, si rudimentaire fût-elle. Tous n'avaient pas ce bonheur. Les écoles étaient rares, les bons maîtres plus rares encore. Aujourd'hui tout concourt à vous faire aimer l'école, ornée de tous les objets nécessaires à votre enseignement ; tableaux muraux, cartes géographiques, tableaux de dessin, d'histoire naturelle, etc., à l'aide desquels des maîtres doués d'un savoir et d'un dévouement éprouvés — élevés exprès pour vous, dans des écoles normales fondées à grands frais par l'État, — vous transmettent les excellentes leçons qu'ils ont reçues.

Aimez bien votre école, mes enfants. Venez-y avec joie pour être disposés à l'étude. Aimez-la comme la maison privilégiée où vous acquerrez la science nécessaire pour devenir des hommes et vous conduire dans la vie selon les règles du bien et de l'honneur.

Maxime. — L'école est l'apprentissage de la vie. Je travaillerai avec zèle, avec ferveur, par amour de mes maîtres et de mes chers parents et pour devenir un homme de bien.

25ᵉ LEÇON. — Joyeux Printemps.

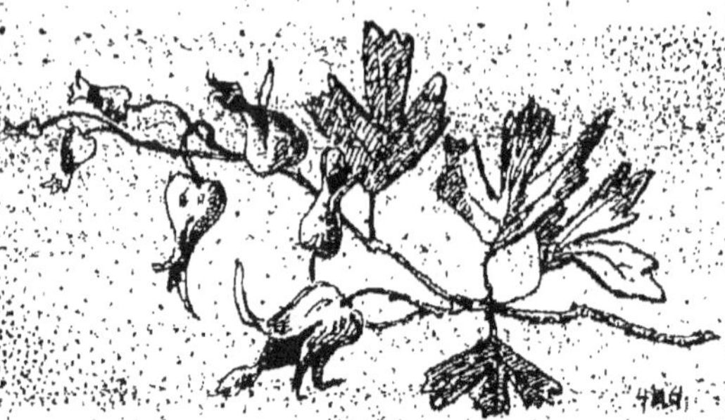

ASSIDUITÉ

Le joyeux printemps
Rit dans la feuillée,
La fleur, dans les champs,
Pousse, émerveillée.

Ces accords touchants
Tiennent éveillée
Notre âme d'enfants,
Tout ensoleillée.

Ah ! qu'il ferait bon
Courir près des roses,
Quitter sa leçon

Pour ces douces choses !
Mais la fleur d'esprit
En classe grandit,

Leçon et lecture. — Si je vous invitais à une collation délicieuse, vous n'auriez garde de vous arrêter en route, quelles que fussent les distractions du chemin, et vous hâteriez le pas pour être exacts à l'heure du festin. Eh bien ! mes enfants, vous êtes invités à vous asseoir tous les jours au banquet de l'école où la science est offerte en aliment à votre esprit. L'intelligence, comme le corps, a besoin de nourriture pour se développer.

Empressez-vous d'accourir à cette table bien servie. Ne laissez point passer l'heure. Soyez présents au premier service. Savourez-en tous les mets avec délices ; car c'est en vous montrant avides de savoir, d'instruction, que votre âme pourra atteindre sa parfaite éclosion.

Qu'il n'y ait pas de raisons, mes petits, pour arriver en retard. Une leçon perdue ne se rattrape jamais ; et l'on perd avec elle non seulement le savoir nouveau qu'on aurait pu acquérir, mais encore la faculté de bien s'assimiler les leçons suivantes ; car la leçon de la veille sert toujours à préparer, à mieux faire comprendre celle du lendemain. Certes, le gazouillement des oiseaux dans les champs, le susurrement des bois sous la feuillée, sont doux à entendre ! Dites cependant comme les charmants enfants de notre poésie : « Les fleurs des prés sont belles à voir s'éclore, mais nous ne devons nous laisser entraîner par aucune séduction ; nous devons aller en classe, où nous aurons la joie de voir aussi germer et grandir par l'étude la fleur de notre intelligence qui embaumera notre vie. »

Maxime. — Je ne manquerai pas l'école. Je l'aimerai et m'y rendrai avec exactitude pour acquérir le savoir qui me rendra heureux maintenant et plus tard.

26ᵉ LEÇON. — Marthe.

DOCILITÉ, POLITESSE, CONVENANCE

A ma nièce Marthe Duvignau.

Chacun la trouve fort gentille
Avec son regard souriant,
C'est une bonne et douce fille,
A tous nos désirs se pliant.

Veut-on jouer à cache-cache,
Marthe est d'accord et veut ce jeu ;
Jamais près d'elle on ne se fâche,
Aussi chacune l'aime un peu.

En classe, toujours la première,
Elle travaille avec ardeur,
Donnant à toutes, simple et fière,
L'exemple d'un excellent cœur.

Car c'est être une enfant aimante,
De vouloir faire des progrès,
Et se montrer reconnaissante,
Que de remporter des succès.

A ses devoirs elle s'applique,
Se donne entière à ses leçons,
Obéit toujours sans réplique,
Vous a d'agréables façons.

Est-elle laide ou bien jolie?
Je ne pourrais dire cela,
Mais je sais qu'elle est si polie,
Qu'elle en est charmante, voilà!

Leçon et lecture. — Après l'exactitude et l'assiduité,
le devoir de l'écolier est la docilité.

La docilité, mes petits enfants, c'est la soumission aux
règles de la discipline de l'école. Être docile, c'est écouter
attentivement les leçons des maîtres et des maîtresses,
obéir promptement à leurs ordres, suivre leurs conseils,
faire ses devoirs de classe, chacun à son heure et en son
temps sans intervertir capricieusement l'ordre établi,
car le travail fait par boutades ne produit aucun bon
résultat.

L'enfant docile est généralement poli, car la politesse
est une autre forme d'obéissance, la soumission aux pra-
tiques de la bienséance. L'enfant poli a de la déférence
pour ses supérieurs, se soumet sans murmure à la
volonté d'autrui, est d'accord sur ce que ses compagnons
veulent, dès que ce n'est pas mal, et s'efface souvent pour
faire plaisir aux autres.

Non seulement il ne garde pas la meilleure place, la meilleure part pour lui, mais son bonheur est de les laisser à ses amis.

Enfin, être docile et poli, c'est aussi être convenable, parce que la convenance consiste dans une attitude respectable et à ne faire que ce qui est bon, digne et honnête, comme la petite Marthe de notre poésie, qui mérite, par ses manières, l'estime de tous.

Maxime. — Je serai docile et attentif aux leçons de mes maîtres pour les payer de leur peine et me montrer reconnaissant des sacrifices que l'État fait pour moi.

Je ne rentrerai jamais dans ma classe qu'en saluant poliment, et je ne m'y présenterai que dans une attitude convenable.

27ᵉ LEÇON. — Le Jardin abandonné.

Dans ce jardin abandonné,
On ne voit que mauvaises herbes,
Épines et ronces superbes,
Dont le vieux mur est couronné.

Pour y planter lilas et roses,
Appelez un bon jardinier,
A ce fouillis de toutes choses,
Il rendra l'éclat printanier.

Ainsi, livrés à la nature,
Dedans nos cœurs on voit germer,
Mauvais penchants que, sans culture,
Tous les vents peuvent y semer.

Pour parfumer l'esprit et l'âme,
Comme pour le jardin fleuri,
De tous vos soins il faut la flamme,
Bon jardinier, maître chéri.

Leçon et lecture. — Jeanne d'Albret, reine de Navarre, dit à son fils, Henri IV, au moment de lui donner un précepteur, lorsqu'il était enfant : « Mon fils, je vous » ai donné la vie, mais votre précepteur vous enseignera » à bien vivre, ce qui vaut mieux ! Aimez-le, respectez-le » et obéissez-lui. » En effet, mes petits enfants, si vos parents vous donnent le pain qui nourrit le corps et toutes les choses nécessaires à votre existence, l'instituteur est un second père qui vous donne la nourriture de l'intelligence, c'est-à-dire l'instruction et l'éducation qui élèvent votre âme et votre esprit. Après vos parents, vos maîtres sont donc ceux qui ont le plus de droits à votre amour, parce qu'ils vous prodiguent chaque jour le meilleur de leur être : leur savoir et leur cœur. Vous êtes témoins de la peine qu'ils prennent pour vous, ayez-leur en une profonde reconnaissance ; que votre tenue, vos progrès, toute votre conduite leur prouve que leurs excellentes leçons ne sont pas perdues et qu'ils ont semé sur un terrain fertile.

Le bonheur des maîtres est de voir briller leurs élèves ! Travaillez activement en classe pour les rendre heureux et pour acquérir les talents qui vous aideront dans la vie.

Maxime. — Comme un bon jardinier perfectionne ses plantes, un bon maître cultive l'esprit et améliore l'âme de son élève. J'écouterai ses sages conseils pour le rendre heureux, pour qu'en contemplant son œuvre le parfum de mes vertus embaume son cœur.

28º LEÇON. — Un Bon Camarade.

AFFECTION ET LOYAUTÉ

Voilà pourquoi j'aime tant Pierre
Et l'ai choisi pour mon ami ;
Entre tous, si je le préfère,
C'est qu'il n'est pas bon à demi !

Un pauvre enfant qui vient en classe
Pour son goûter n'a pas de pain :
Depuis longtemps Pierre lui passe
Sa collation en chemin !

Avec cela, Pierre est très brave :
Hier, un fort mauvais garçon
Sur ses parents jetait sa bave,
Il vous l'a mené de façon

Que, tel le renard de la fable,
L'autre est parti, honteux, battu.
Ce fut beau de voir ce coupable
Ainsi tancé par la vertu.

Enfin, Pierre est bon camarade,
Pour tous, plein d'excellents conseils,
Aidant les faibles, sans bravade :
De tels amis sont sans pareils.

Nous avons mêmes goûts dans l'âme,
Mêmes sentiments dans le cœur ;
Pour la famille même flamme
Et pour le travail même ardeur.

Voilà pourquoi j'aime tant Pierre
Et l'ai choisi pour mon ami ;
Entre tous, si je le préfère,
C'est qu'il n'est pas bon à demi !

Leçon et lecture. — Mes enfants, l'école est une petite société où vous devez déjà vous exercer à la pratique des vertus civiques en accomplissant tous vos devoirs envers vos camarades. C'est ce qu'a merveilleusement compris le petit Pierre dont il est question dans notre poésie, et il aime ses compagnons presque comme des frères, se montrant secourable et généreux envers les plus faibles, les plus pauvres. Il aide aussi ceux d'entre eux qui n'ont pas bien saisi les leçons du maître et leur donne de bons conseils, sans toutefois les humilier de sa supériorité.

Cependant, quoique très bon, Pierre n'est ni pusillanime, ni poltron, mais il est juste et équitable : lorsqu'un grand garçon en attaque un petit, il défend ce dernier. Il ne permet pas non plus qu'on injurie devant lui les gens respectables ; il prend leur parti et en impose aux méchants par cette attitude décidée.

Aussi Pierre est-il estimé et recherché de tous ceux qui ont du cœur.

Imitez-le, mes petits enfants, et ne choisissez pour amis que ceux de vos compagnons qui lui ressemblent.

Maxime. — L'école est une famille où l'amitié doit régler les rapports entre condisciples comme entre frères et sœurs.

Je me montrerai donc bienveillant pour tous mes camarades, tout en portant mes préférences sur les meilleurs, dont j'imiterai les bons exemples.

29ᵉ LEÇON. — La Petite Monitrice.

DEVOIRS ENVERS LES CAMARADES ET LES MAÎTRES

Elle a fait son devoir et bien su sa leçon.
En classe tout travail récolte sa moisson :
Mélie a donc gagné la dignité suprême
D'être la monitrice, et sa joie est extrême.

Avec grande douceur elle dit gentiment
Aux tout petits, rangés près du tableau, comment
Il faut tenir en main sa craie avec adresse ;
Et chacun d'écouter la petite maîtresse.

Quand tous eurent enfin tracé le mot « papa »,
Un cri profond du cœur à Mélie échappa :
« Qu'il faut de peine, ô Dieu, pour enseigner, apprendre
» Et ne point se fâcher ! Comme il faut être tendre ! »

Oui, chère enfant, il faut, dans ce rude métier,
A tous les dévouements tous les jours se plier,
Tu le comprends? Sois donc studieuse et docile,
Et ton institutrice aura tâche facile.

Tes progrès lui rendront plus léger le fardeau;
L'élève dissipé d'un maître est le fléau.
Avec soin il a beau cultiver son enfance,
Dans son esprit ne peut germer nulle semence.

Or, c'est un grand chagrin pour un maître de voir
L'avenir malheureux qu'en manquant au devoir
Un enfant indocile à jamais se réserve;
Que de ce jour l'exemple à ta conduite serve.

Leçon et lecture. — Voici une petite qui comprend aussi bien ses devoirs envers ses maîtresses qu'envers ses camarades : douce, affectueuse, prévenante, elle fait tout ce qu'elle peut pour être utile à tous autour d'elle. Après avoir bien accompli sa tâche, ce qui rend sa maîtresse très heureuse, elle aide celle-ci en faisant répéter la leçon de lecture aux petites, chose qui lui fait grand honneur, car on n'accorde cette marque de confiance qu'aux élèves les plus méritantes.

Mélie doit être bien heureuse au fond du cœur de gagner ainsi par sa sagesse, son attention, l'affection de sa maîtresse et le respect de ses compagnes, car, vous le sentez, les petites compagnes comprennent la valeur de cette grande qui est digne de remplacer la maîtresse, et elles lui vouent une reconnaissance empreinte d'admiration.

Mes enfants, soyez studieux, dociles et loyaux comme

Mélie, pour faire le bonheur de vos parents et mériter les louanges de vos maîtres; songez d'ailleurs qu'en mettant toute votre volonté à vous instruire, vous travaillez à votre propre bonheur.

Maxime. — Mes camarades sont presque mes frères, partageant avec moi les mêmes études, les mêmes jeux, la même vie; je leur serai dévoué et les aimerai de tout mon cœur, de même que mes chers maîtres, qui remplacent mes parents et auxquels je dois une égale obéissance et un même amour.

30e LEÇON. — **Je sais lire.**

LA VOLONTÉ ET L'ATTENTION

« Je sais lire, papa, » criait, hier, Lisette,
    L'air heureux et content.
« Quoi, déjà, se peut-il, ma petite fillette? »
    Dit le père doutant :
« Faudrait-il donc sitôt te donner le beau livre
    » Que je t'avais promis?
» Viens ici faire voir. » Et l'enfant de le suivre...

    « Mon Dieu, c'est-il permis! »
Exclame la maman, écoutant la petite
    Lire sans hésiter.

Lisette, bonne élève, avait appris très vite :
    Nous devons l'imiter.

Leçon et lecture. — Quel bonheur pour un papa et une maman d'avoir une petite fille qui cherche à leur faire plaisir! Lisette est assurément une élève attentive; elle s'applique bien à la leçon de lecture; autrement, elle n'aurait pas fait de si rapides progrès. Aussi, comme elle est heureuse! Ses parents lui donnent de beaux livres pleins d'images et de jolies histoires qu'elle lit le jeudi et quelquefois le soir après avoir étudié ses leçons. La maîtresse l'aime beaucoup et la récompense parce qu'elle n'est jamais punie. Je le répète, Lisette est une enfant très heureuse.

Mes chers petits, vous devriez tous avoir la même volonté de vous instruire, prêter la même attention aux leçons de vos maîtres. Il faut aimer l'étude, voyez-vous; l'instruction est encore un des plus grands bonheurs de la vie. Quand on sait lire et qu'on aime la lecture, on ne peut jamais s'ennuyer : on revit sur ses livres la vie de tous les peuples de la terre, de ses ancêtres; on y apprend à aimer les hommes et on acquiert, grâce à leurs savants conseils, la science qui nous permet un jour d'être utiles aux nôtres, surtout à notre cher père et à notre chère mère qui prennent tant de soin de nous quand nous sommes petits et qui sont si heureux de nos progrès.

Maxime. — Travailler est le devoir d'un écolier honnête. Je serai laborieux pour devenir instruit, être la providence de ma famille et ajouter ma part aux richesses de l'humanité.

31º LEÇON. — Je suis premier!

ÉMULATION

Je suis premier! le bonheur me transporte,
Tous mes efforts ont été couronnés.
Je suis premier, aujourd'hui je remporte
Tous les lauriers à mon travail donnés.

Je suis premier! ce soir, ma bonne mère
Prodiguera ses baisers les plus doux
A son enfant! Plein de fierté, mon père
Me pressera bientôt sur ses genoux.

Être premier ne s'acquiert pas sans peine :
Il faut lutter, vaincre tous ses penchants,
Et du devoir se river à la chaîne,
Quand les oiseaux gazouillent dans les champs.

Oui, mais après on a l'âme joyeuse,
On a la paix sereine dans le cœur,
Papa sourit et maman est heureuse :
Pour un bon fils, c'est le parfait bonheur!...

Leçon et lecture. — Pour un bon fils, je crois qu'il ne serait guère possible d'en trouver de meilleur que ce brave écolier si joyeux, après de vaillants efforts, d'être arrivé premier de sa classe pour le bonheur que ce triomphe va causer, à son cher père et à sa chère mère.

De quelle noble émulation n'a-t-il pas fait preuve et de quel courage pour résister aux tentations de la paresse qui assaillaient son cœur!

Quand mai riait dans la feuillée, que le soleil jouait sur les buissons et que les petits oiseaux gazouillaient dans les champs, combien de fois son jeune cerveau, grisé par tous ces effluves printaniers, n'a-t-il pas rêvé d'aller tremper ses pieds dans la rosée et de se rouler dans l'herbe avec les petits grillons!

Oui, il le dit lui-même : « Être premier ne s'acquiert pas sans peine, il faut lutter, vaincre tous ses penchants, et du travail se river à la chaîne. » Mais combien douce après est la récompense méritée par cette saine émulation, qui nous a fait nous surpasser nous-même et faire chaque jour mieux que la veille. « On a, dit mon petit héros, la paix dans l'âme. Papa sourit et maman est heureuse. Pour un bon fils, c'est le parfait bonheur. »

Maxime. — Je travaillerai bien en classe. Plein d'une noble émulation, je tâcherai de faire chaque jour mieux que la veille pour marquer ma reconnaissance à mes maîtres et à mes chers parents qui m'aiment tant.

32ᵉ LEÇON... — Mon Petit Livre.

DEVOIR DE S'INSTRUIRE

Petit livre où j'appris à lire,
Je vous aime de tout mon cœur.
C'est grâce à vous, je puis le dire,
Qu'au jour des prix je fus vainqueur.
Sur vos feuillets j'appris les choses
Qui m'ont fait sage, tout petit,
Et, comme un doux parfum de roses,
Ont embaumé mon jeune esprit.

Bon compagnon, mon petit livre,
Tout rempli de prudents conseils,
A votre égide je me livre.
Je vous dois les plus purs éveils
Du cœur et de la conscience :
Vous m'enseignez toujours le bien,

> Me montrant au ciel l'espérance,
> Force de l'âme et son soutien?...

Leçon et lecture. — Autrefois, mes petits amis, les livres étaient écrits à la main, d'où venait le nom de « manuscrits » qu'on leur donnait; et comme ils étaient très rares et coûtaient très cher, les petits enfants pauvres n'en avaient pas pour lire, tandis qu'aujourd'hui ils peuvent s'en procurer d'excellents pour quelques sous.

Non seulement les livres sont bon marché à notre époque, mais encore l'État les fournit gratuitement à ceux d'entre vous qui ne peuvent se les procurer.

Vous auriez donc grand tort de rester ignorants : votre devoir est de vous instruire pour reconnaître les bienfaits de la société qui veille sur votre éducation avec tant de soin, et lui rendre plus tard par vos talents une partie des dépenses qu'elle fait aujourd'hui pour vous. D'ailleurs, travailler à son instruction, mes petits, c'est travailler à son bonheur, parce que plus on acquiert de savoir, plus on est apte à gagner sa vie et plus aussi on a de lumières pour reconnaître le vice, le fuir et marcher dans le sentier de la vertu.

Aimez donc vos livres, mes enfants; écoutez leurs bons conseils; ils vous enseigneront la sagesse et vous guideront dans le chemin de l'honneur. Songez que la France attend de ses enfants la réparation de ses malheurs : Ne faites pas mentir son espérance.

Maxime. — Le devoir d'un bon fils et d'un bon Français est de s'instruire pour être utile à sa famille et à sa patrie.

CHAPITRE VIII

DEVOIRS ENVERS LA PATRIE

33ᵉ LEÇON. — Pourquoi je t'aime, ô France!

Oui, je t'honore,
Oui, je t'adore,
Heureux séjour,
Lieu plein d'amour,
O belle France!
Où mon enfance,
Qui te bénit,
Vit et grandit!

C'est à ta flamme,
Que ma jeune âme,

A son printemps,
Pleine d'élans,
Dans ton saint livre
Apprit à vivre :
Ma loi, ma foi,
France, c'est toi !

D'amour extrême,
Oui, mon cœur t'aime,
O doux pays
Où je naquis ;
Car sous ta pierre,
Mon vieux grand-père,
Au champ de mort,
Repose et dort !

Joyeuse plage,
Ta douce image
Remplit mon cœur
D'un pur bonheur !
C'est la magie
De ma patrie :
Ciel adoré !
Sol vénéré !

Je veux sans cesse
A ta tendresse
Me consacrer
Et t'admirer,

France chérie
De mes aïeux,
Terre bénie
Des cieux !...

Leçon et lecture. — Vous savez tous, mes petits amis, que votre pays s'appelle la « France » et que cette terre a été conquise, morceau par morceau, par vos ancêtres, c'est-à-dire les pères de vos pères, cette longue suite de vieux Français de qui nous descendons tous et à qui nous devons les gloires, les lois, les grandeurs et les richesses de notre belle patrie. A ceux qui vous demanderaient pourquoi vous aimez tant votre patrie, il vous serait donc facile de répondre que c'est : parce qu'elle est la terre bénie où reposent vos aïeux, après l'avoir payée de leur sang, fertilisée de leurs sueurs. Parce qu'elle est le lieu où sont nés votre père, votre mère, tous vos parents. Parce qu'elle est le patrimoine glorieux que vous a légué une lignée de héros dont l'univers vante les exploits. Parce qu'il n'y a pas de patrie plus noble, plus digne d'enorgueillir ses enfants : car la France a toujours marché en avant-garde, parmi les nations civilisées, et, cela, au prix des plus grands sacrifices, pour répandre les idées généreuses qui devaient servir au bonheur du monde entier. Enfin, vous répondrez que vous aimez votre patrie parce qu'elle est votre mère, et que, pour son bonheur, en bons petits patriotes que vous êtes, vous seriez capables de donner ce que vous avez de plus cher au monde et même votre vie.

Maxime. — La patrie est la réunion de toutes les familles qu'unissent les liens du sang, des alliances, la même langue, les mêmes lois, les souvenirs historiques. Tout bon citoyen aime et chérit sa patrie par-dessus toute autre affection.

31° LEÇON. — Mon Village.

BIENFAITS DE LA FRANCE

Il est joli, mon doux village
Placé non loin des verts coteaux
Qui bordent le joyeux rivage
De la Garonne dont les eaux
Arrosent nos vignes, nos plaines,
Faisant pousser le blond raisin
Qui, pressé dans nos cuves pleines,
Chaque an nous donne du bon vin !

C'est là qu'est né mon vieux grand-père,
Tous les parents de mes parents ;
Aussi nous aimons cette terre,
Où croît de bon blé dans nos champs,
Et n'avons pas d'autre espérance
Que mourir sous les mêmes cieux

Du fertile coin de la France
Où reposent tous nos aïeux.

Leçon et lecture. — Pour vous, petits enfants, la patrie, c'est d'abord la maison où vous êtes nés, les champs qui l'entourent, le clocher de votre village dont la cloche a répercuté dans les airs l'heure joyeuse de la naissance de vos grands-pères et l'heure bien triste de leur mort; c'est surtout la terre bénie où, dans leurs sépultures, les ancêtres qui vous ont transmis la vie dorment le sommeil éternel. Et vous aimez cette petite patrie qui vous rappelle les caresses maternelles, vos premiers pas, vos premiers jeux, comme aussi les joies et les pleurs de l'enfance, dont le souvenir reste toujours si vivace dans le cœur de l'homme.

Vous avez raison, mes amis, chérissez bien le lieu de votre naissance; c'est là que la France vous a prodigué ses premiers bienfaits. C'est là qu'est abritée, au pied du coteau ensoleillé, ou dans la vallée ombreuse, la blanche maison d'école où un maître bon et patient, envoyé par l'État et payé par lui, vous a enseigné les premières pages de notre histoire nationale, source de tout patriotisme.

Peu à peu votre esprit, fortifié, éclairé par l'étude, connaissant mieux notre pays, embrassera la France entière, qu'il enveloppera d'un grand et saint amour, pour le beau rôle qu'elle a joué dans le monde, en y répandant partout ses bienfaits, son argent et son sang, pour le triomphe de la justice, de l'égalité, de la fraternité.

Maxime. — L'amour du clocher natal est le commencement de l'amour de la patrie. J'aimerai bien d'abord ma famille et mon village pour former mon cœur au patriotisme et devenir un jour capable d'abnégation pour mon pays.

35ᵉ LEÇON. — Petit Ruisseau.

COMMENT S'APPREND L'AMOUR DE LA PATRIE

Petit ruisseau dont le flot porte,
En passant devant notre porte,
Du jour qui s'éteint les débris,
Comme un ami, je te souris !

Je vois dedans ton onde accorte,
De mille fragments, la cohorte
S'entrechoquer en un fouillis,
Et j'écoute leur gazouillis.

Ce vieux chiffon que ton eau traîne,
Ce ruban vert, ce bout de laine,
Ces quelques pétales de fleur

De leur chute pleurent les causes,
Et la voix de toutes ces choses
A des accents qui vont au cœur.

Dans ton eau trouble et peu profonde,
Mon bateau parcourait le monde
Quand j'étais enfant, et, ma foi,
Des fleuves je te croyais roi.

Comme aujourd'hui, ma tête blonde
Scrutait, interrogeait ton onde,
Et je pensais, par-devers moi,
« Où donc court-il? » rempli d'émoi.

Vivant mon existence même,
Dedans ton lit, après leur mort,
Mes jouets finissaient leur sort...

Pour tous ces souvenirs, je t'aime,
De ma rue, ô petit ruisseau,
Et ton flot noir me semble beau !

Leçon et lecture. — Enfants, vous aimez non seulement vos parents, mais les objets, les choses qui vous entourent et contribuent à leur satisfaction et à la vôtre. Ce sentiment est instinctif : le vrai bien de la famille n'est pas formé exclusivement de l'union morale des cœurs, mais aussi de l'attachement au toit paternel qui l'abrite en commun.

Nous aimons la chambre, la maison, la rue où nous sommes nés, les meubles de la famille et jusqu'au ruisseau fugitif qui coule devant notre porte, parce que ces choses ont participé à notre vie, ont été témoins des évolutions de notre âme, de ses élans, de ses émotions. Tous les souvenirs qui nous rattachent à ces choses les rendent chères à nos cœurs.

Or, chers petits, la patrie n'est qu'une famille agrandie : l'amour que lui portent ses enfants se compose de même de l'union, de la sympathie entre Français et de l'attachement aux choses, au sol, aux monuments de la France.

Enfants, l'amour de vos pères morts et vivants vous enseignera l'amour des grands Français du passé et du présent : ceux qui ont vraiment constitué la patrie, la famille française ! L'attachement au toit paternel, abri des luttes laborieuses du travail de la famille, vous enseignera l'amour des monuments de la France : trophées de ses victoires, de ses gloires ! Aimez votre rue, votre petit jardin, qui ne sont qu'un tronçon du grand sol de la France et qui vous inspireront aussi son amour.

Aimez enfin le ruisseau qui promène votre vaisseau de papier sur ses étroites rives et porte la fortune de vos rêves, de vos ambitions enfantines, comme nos beaux fleuves furent autrefois les premières routes d'où nos ancêtres partirent à la conquête des provinces qui, réunies, constituent aujourd'hui la grande patrie française, dont je voudrais vous inspirer le profond amour.

Maxime. — La patrie est une famille agrandie. On aime sa patrie comme on aime sa mère, d'un amour instinctif ; comme toutes les autres vertus, le sentiment patriotique se développe par l'étude de l'histoire nationale et le récit des exploits de ses héros.

36ᵉ LEÇON. — La France.

GRANDEURS DE LA FRANCE

Notre terre de France
Est le plus beau pays !
La valeur, l'abondance
Y naquirent jadis.
Elle est la plus aimable
Parmi les nations ;
Son climat adorable
A cent productions ;
L'herbe de l'Angleterre
Croît aussi dans ses prés,
Et sa féconde terre
Parmi ses blés dorés
Du terroir germanique
Voit le houblon mûrir ;
Mais, pour la vigne, unique,
Ses champs sont entr'ouverts

Mille sillons fertiles,
D'où ses raisins éclos,
De leurs liqueurs subtiles
Versent à tous les flots.
Dessus son territoire
On trouve l'olivier
Insigne de sa gloire,
Le maïs, le mûrier;
Oranges et grenades,
Comme aux pays plus chauds,
Bordent ses promenades;
Elle a tous les métaux...
En tous lieux on admire
Ses monuments fouillés,
De fer, marbre, porphyre,
Avec art travaillés.
Elle est hospitalière,
A le sang courageux,
C'est ce qui la rend chère
A tout cœur généreux.
Les peuples à son onde,
Viennent touss'abreuver
A sa source féconde,
Tout vient se raviver;
La joie et l'abondance
Règnent dedans son sein.
Vive ma belle France!
Séjour charmant, divin!

Leçon et lecture. — Quel est celui d'entre vous, mes enfants, qui ne serait fier et heureux d'être le fils d'une mère remarquable entre toutes les femmes par ses talents et ses vertus? De même, petits Français, devez-vous être fiers de la France, votre mère, pour son héroïsme, ses grandeurs et sa gloire. Non seulement elle est une des plus belles patries physiques, merveilleusement encadrée entre deux belles mers : l'océan Atlantique et la Méditerranée; deux chaînes de montagnes : les Alpes et les Pyrénées; d'un sol prodigieusement fécond, fertilisé encore par quatre beaux fleuves, mais, moralement, elle est la nation la plus noble, la plus généreuse, la seule qui ait combattu avec enthousiasme pour le progrès de l'humanité et son émancipation : « Si l'on » voulait, dit Michelet, entasser ce que la France a » dépensé de sang, d'or et d'efforts de toute sorte pour » les choses désintéressées qui ne devaient profiter qu'au » monde, sa pyramide irait montant jusqu'au ciel. » Enfants, quand on a l'honneur d'appartenir à une si courageuse nation, on a raison d'en être heureux et fier, et c'est le front et le cœur hauts qu'on crie : « Vive la France! »

Maxime. — La France m'est chère non seulement pour les souvenirs de mon enfance, mais surtout pour son abnégation, ses sacrifices et ses gloires. Je dois me montrer à la hauteur de son courage et être le digne fils d'une si noble patrie.

37e LEÇON. — La Bretagne.

LA PATRIE EST TOUJOURS BONNE ET BELLE

A Madame Héno.

Bretagne, rude sol du beau pays de France,
Fière sur tes rochers d'immuable granit
Où les vagues, les flots se brisent en cadence,
Berçant tes rejetons dans leur étrange nid.

Le murmure houleux des mers plaît à leur âme;
Ils parcourent le monde, aventureux marins,
Gardant un souvenir, une amoureuse flamme
Pour la terre où leurs cœurs restent toujours enclins.

Ils aiment tes forêts, tes landes, tes bruyères,
Tes champs, âpres et durs au labeur infécond;
Toujours ton nom béni revient dans leurs prières,
Ils t'aiment d'un amour saint, immense, profond.

Elle est douce la voix qui souffle sur tes grèves!
Il est puissant l'attrait de ta noble grandeur!
Bretagne, n'es-tu pas le pays des doux rêves
Où l'ancienne croyance a gardé sa candeur?

Et l'on comprend, à voir les poétiques plages,
Le charme souverain qui retient les enfants,
Et dans les profondeurs de tes antres sauvages,
Les dieux régnant encor, glorieux, triomphants!

Leçon et lecture. — J'ai dit que l'amour du sol natal était le principe, le commencement de l'amour de la patrie. Il faut donc aimer d'un amour particulier le coin du pays où l'on est né. Or, bien que la France soit belle et fertile, il est sur toute l'étendue de son territoire des provinces dont la terre plus agreste, moins féconde, fait la vie dure à ses habitants : telle est la Bretagne. Mais on n'aime pas sa mère seulement lorsqu'elle est riche et généreuse, on l'aime aussi parce qu'elle est notre mère et qu'on est son enfant!

Les nobles fils de la Bretagne donnent un bel exemple de cet amour instinctif. Plus le sol qui les a vus naître est triste, âpre, dur, plus ils l'aiment. Marins intrépides, ils partent souvent chassés par la misère, l'infécondité du sol, ou attirés par le mirage des flots qui baignent leurs rivages; mais ils reviennent toujours rapportant leurs épargnes à la mère patrie; c'est sur leurs grèves sauvages qu'ils viennent aimer, créer une famille et mourir. On n'aime donc pas sa patrie seulement pour les bienfaits qu'on reçoit d'elle, mais parce que c'est un sentiment inné dans le cœur de l'homme, qu'il est un des besoins les plus impérieux de son âme, et qu'en y répondant on obéit bien plus aux lois de la nature qu'aux règles de la morale.

Maxime. — Aimer son pays, c'est se réjouir de ses gloires, souffrir de ses douleurs, partager ses espérances et participer à ses efforts pour le triomphe de ses institutions.

38° LEÇON. — **Souvenir amer.**

LES MALHEURS DE LA FRANCE

« As-tu vu, grand'père,
Cette affreuse guerre
De soixante-dix,
Où la France entière
Fut *in extremis?*

Ce matin, le maître
Nous a raconté
Qu'un perfide traître
Eut l'indignité
D'abaisser de France,
Les fiers pavillons,
La noble espérance
De ses bataillons;
Cet homme : Bazaine,
Doit avoir la haine
De ceux dont le cœur
Garde quelque honneur ?...

As-tu vu, grand-père,
La douleur amère
De notre pays.
L'as-tu vue, oh! dis?

— Hélas! oui, mes enfants, j'ai vu votre jeunesse
Pleine d'un noble élan, prête à vaincre ou mourir,
Sentant vivre en son cœur cette antique prouesse
Qui devant nos soldats vit l'univers frémir...
Ils croyaient fermement, eux que l'honneur enflamme,
De ceux qui commandaient, à la noblesse d'âme
Mais nous étions trahis, mais nous étions vendus,
Jours de pleurs, jours de honte, ah! ne revenez plus!

Oui, j'ai vu, dans ce temps de funeste mémoire,
Un lâche, un général livrer tous ses drapeaux,
Et souiller par ce trait une page d'histoire
D'un pays dont le sol est couvert de héros!
Enfants, souvenez-vous de l'odieux outrage
Que la France a souffert d'une horde sauvage,
Et du triste abandon où nous fûmes laissés,
Après avoir tant fait pour les siècles passés!

Votre bras vengeur
Sera sans clémence,
Car notre malheur
Fut alors immense!...

Ainsi, le grand-père,
D'une voix austère,

A ses petits fils,
Vibrant de colère,
Peignit la misère,
Les maux inouïs
De ces jours maudits!...

Leçon et lecture. — Oh! mes enfants, si votre mère était attaquée, poursuivie par un ennemi implacable, ne la défendriez-vous pas? N'est-ce pas lorsqu'elle est malade, accablée, que vous l'aimez le plus? Et vous ne croyez pas qu'il puisse y avoir au monde un fils assez lâche, assez misérable pour livrer sa mère à ses bourreaux? C'est ce qu'a fait pourtant Bazaine pendant la triste guerre de soixante-dix. Il ne peut y avoir d'homme plus vil que celui qui trahit sa patrie.

Nous, mes enfants, si nous sommes fiers de la France à cause de ses gloires, nous l'aimons bien plus à cause de ses malheurs. D'ailleurs elle ne fut jamais plus grande que dans ses revers. Lorsque vous aurez étudié son histoire, vous verrez que chaque fois qu'elle fut envahie par l'ennemi, comme pendant la guerre de Cent Ans, la coalition, l'invasion de 70, elle puisa une nouvelle force, un nouveau courage dans ses souffrances et se releva toujours : vaincue quelquefois, mais jamais rabaissée, donnant l'exemple au monde de ce que peut un peuple animé d'un ardent patriotisme.

Maxime. — O France! toi qui as tendu une main fraternelle et secourable à tous les peuples, tu as pu être repoussée par eux dans tes malheurs, mais tes enfants ne t'abandonneront pas ; ils seront toujours prêts à donner jusqu'à la dernière goutte de leur sang pour ton bonheur!

39° LEÇON. — Un Vaillant.

A mon neveu Lulu.

Écoutez l'histoire
D'un petit soldat
Qui, j'en ai mémoire,
Se nommait Barat !
Un jour de bataille,
N'ayant que treize ans,
Dessous la mitraille,
Dans des premiers rangs,
Tout plein de courage
Comme un vieux troupier,
Malgré son jeune âge,
Marchant sans plier,
Notre jeune brave,
Par vingt ennemis,
Qu'en héros il brave,
Pour son cher pays,
Reçoit vingt blessures !…
Par son fer atteints,
Malgré leurs armures

Leurs yeux sont éteints.
Criant : « Vive France ! »
Barat tomba mort
Dans sa prime enfance !
C'est un très beau sort !

Leçon et lecture. — Mes enfants, il faut non seulement aimer la France en paroles, mais il faut le lui prouver en action. Or, le lui prouver, pour vous, petits écoliers, c'est travailler à devenir des hommes; assouplir votre corps, le rendre fort par l'exercice de la marche et de la gymnastique; assouplir votre esprit, le rendre fort par l'étude. Tous les petits enfants ne trouvent pas, comme Barat, l'occasion de se signaler dès leur enfance; mais ils peuvent travailler à l'imiter, le cas échéant. Vous êtes la future armée de la France, le bras vengeur qui doit réparer les désastres, les affronts du passé ! Il vous faudra beaucoup de force, beaucoup de courage pour reconstituer la France des anciens jours. Oh ! étant enfant d'une si noble patrie, vous aurez l'âme héroïque, nous n'en doutons pas; mais pour que cette force de l'âme soit secondée par la résistance corporelle, devenez de bonne heure forts, obéissants, disciplinés; ce sont là les premières qualités qui font vaincre les difficultés de la guerre et celles de la vie. Une armée qui se conduirait selon ses caprices serait vaincue d'avance. La désobéissance d'un soldat peut quelquefois entraîner de grands désastres pour le pays. Mais, vous aimez la France, vous la voulez grande et invincible; vous ferez donc tous vos efforts pour devenir de vrais soldats, capables de tenir haut son drapeau et de la rendre victorieuse.

Maxime. — Tous les petits enfants peuvent servir leur patrie en devenant forts et instruits : les petites filles pour être de bonnes mères de famille, et les petits garçons pour être de vaillants soldats capables de défendre et de rendre glorieux le drapeau de leur patrie.

40e LEÇON — Ma Patrie est ma mère.

RESPECT DES LOIS

La loi de mon pays m'ordonne,
De devenir savant et fort
Pour ajouter à sa couronne,
Les lauriers, fruits de mon effort.

Elle m'ordonne d'être honnête,
De respecter le bien d'autrui,
Il faut que tout citoyen prête
A la nation son appui.

Car, par l'anarchie, on prépare
Du vil meurtre l'impunité;
Notre vaisseau se désempare,
Adieu la paix, la liberté!

Ma patrie est aussi ma mère,
Je veux à sa voix obéir,
Dans le cours de ma vie entière
Mon cœur veut l'aimer, la servir.

Oui, tout vrai Français vous honore
Saintes lois de notre pays,
Dût-il en souffrir plus encore
Toujours il vous reste soumis !

Leçon et lecture. — Comme on obéit à ses parents et à la discipline de l'école, il faut obéir aux lois de son pays. Les lois, mes enfants, sont des conventions établies par les hommes entre eux, dans un but d'intérêt général, pour sauvegarder la liberté, la propriété, la sécurité de tous, contre les attentats de quelques-uns. Dès que certains hommes ont possédé quelque chose, il y en a eu d'autres qui ont essayé de s'en emparer. Cela étant injuste et troublant l'ordre de la société, on convint que ceux qui ne respecteraient pas le bien d'autrui seraient punis ; il en fut de même pour tous les attentats contre la sûreté individuelle et sociale. Il est donc de notre intérêt d'obéir aux lois, qui sont notre meilleure garantie. Sans le respect des lois, la prospérité et l'existence même de la nation seraient menacées.

Il peut cependant arriver qu'une loi soit mal faite ou injuste, qu'elle agisse au rebours de ce qu'elle prétend améliorer. On ne lui doit pas moins obéissance tant qu'elle existe ; mais vos pères, comme électeurs, peuvent nommer d'autres députés pour la revision de cette loi et la changer ; jusque-là il est obligatoire de la respecter, car si chacun pouvait ne se soumettre qu'aux lois qui lui plaisent, ce serait l'anarchie.

Maxime. — Nous devons la sécurité de notre existence et notre éducation à notre patrie, il est juste que nous obéissions à ses lois qui sont l'expression de la volonté de la nation, c'est-à-dire de tous les citoyens.

41e LEÇON. — La Leçon du petit-fils.

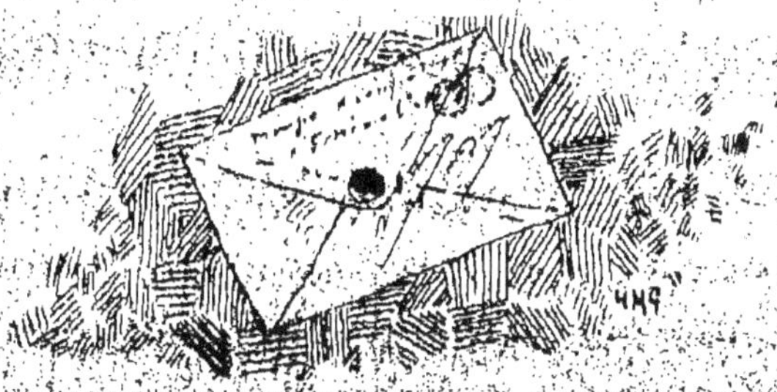

DEVOIR DE PAYER L'IMPÔT

Un vieillard s'en allait au marché de la ville
Avec son petit-fils, pour vendre ses produits;
Le paysan, madré, se croyait très habile,
Répétant les erreurs où beaucoup sont induits :

    « Ah ! bien, oui, par ma foi,
    » C'est un autre que moi,
    » Crois-le, petit compère,
    » Qui se laissera faire,
    » Et paiera lourd d'impôt.
    » Je ne suis point si sot !
    » Faut-il pas que l'on donne,
    » Le bon Dieu me pardonne!
    » Le meilleur de son bien
    » A ces messieurs de rien ?
    » La colère m'emporte!

» Je te dis : Peu m'importe.
» Qu'il faille aux sénateurs
» Des laquais, des piqueurs,
» Je trouve que c'est honte,
» Et cela me démonte
» D'empiffrer ce gourmand,
» Notre gouvernement !
» Aussi je m'accommode
» De passer tout en fraude,
» Et messieurs de l'octroi
» N'ont pas un sou de moi. »

— C'est très mal, cher grand-père,
Ta conduite est légère ;
Sais-tu ce qu'est l'État
Qui mène ce débat ?
Ce n'est qu'une machine
Qu'on hait et qu'on débine,
Mais qui fournit à tous
Les bienfaits les plus doux.
Conviens sur cette route
Que bien peu nous en coûte
De conduire nos bœufs
Au marché tous les deux.
L'État fit cette voie,
Ton or ainsi s'emploie.
Mais, sur notre chemin,
Regarde ce gredin.

Mené par deux gendarmes
Prêts à tirer leurs armes !
Par eux celui qui nuit
En prison est conduit.
C'est donc pour ta défense
Que l'impôt se dépense,
Et si des ennemis
Menaçaient le pays,
Tu verrais notre armée
Les réduire en fumée...
Je me souviens qu'hier
Tu fus heureux et fier
D'entendre la missive
Que, par la poste active,
Mon frère aîné, soldat,
Écrivit du combat ;
C'était un doux spectacle !
Tu disais : « C'est miracle
» Que, d'extrême Orient
» Et pour si peu d'argent,
» Le facteur nous apporte
» Cette lettre, à la porte !... »
Crois-en petit Jeannot,
Qui fait ça ? C'est l'impôt.
Puis, tu lui dois l'école
Où la bonne parole
Du maître qui m'instruit,
Dans le bien me conduit !...

Je suivais... et je vis le vieux courber la tête
De son rude cerveau je lisais la tempête,
La raison de l'enfant pliait sa volonté.
Il murmurait : « Peut-être est-ce la vérité !... »

Leçon et lecture. — Mes enfants, après le petit bonhomme qui énumère si bien tous les grands services publics payés par l'impôt et dont les citoyens bénéficient, je ne trouve rien à ajouter, si ce n'est que l'État n'est pas riche par lui-même et n'a d'autres revenus que l'argent qui lui vient des contribuables, et que, le respect de la loi, la reconnaissance envers la patrie nous font un devoir de payer, sans murmurer, cette dette sacrée.

Maxime. — Voler l'État, c'est voler tout le monde. La fraude et la contrebande sont punies par la loi. Un bon citoyen doit payer les impôts sans murmurer, parce que sans eux l'État ne pourrait exister.

42e LEÇON. — Voter est un devoir.

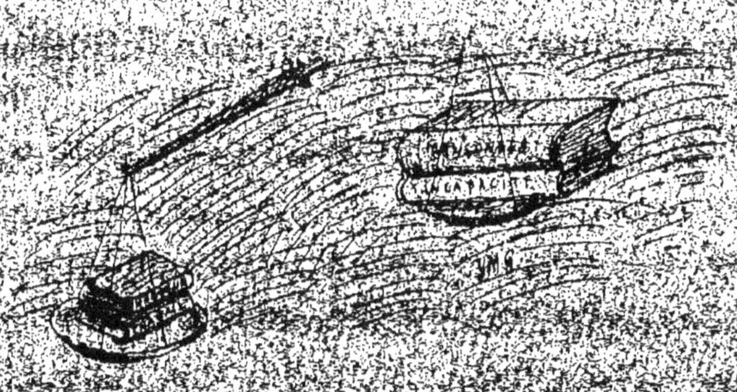

Petits enfants, un jour vous serez tous des hommes
Et vous irez voter ainsi que vos papas;
En votant bien ou mal, tous, autant que nous sommes,
Nous pouvons au pays donner vie ou trépas.

Bien voter, c'est voter selon sa conscience,
Pour l'esprit le plus droit et le plus éclairé,
Recherchant avant tout le bonheur de la France,
Sans se laisser jamais guider par l'intérêt.

Mal voter, c'est donner sa voix aux incapables
Dont le discours menteur nous trompe et nous séduit;
Livrer notre pays entre leurs mains coupables
Est un crime, surtout si l'argent nous conduit.

Ce n'est pas à celui qui nous promet des places
Ou imprudents, nous devons donner notre mandat

Seul le vil intérêt gagne les âmes basses :
C'est parmi les meilleurs qu'on prend son candidat.

Iriez-vous, mes enfants, d'une mère souffrante,
A des charlatans vils confier le destin ?
Certes non ! vous avez une âme trop clémente :
Vous manderiez plutôt un très bon médecin !

De tous aussi la France, enfants, est notre mère,
Pour son bonheur donnons nos biens et notre sang ;
Parmi les nations qu'elle soit grande et fière,
Au prix de nos désirs sauvegardons son rang.

Leçon et lecture. — Mes enfants, puisque les lois sont la pierre d'assise, le fondement, le soutien et la force des nations, le vote est un des devoirs les plus importants du citoyen, car les bonnes lois dépendent du choix des députés nommés par les électeurs. Quand vous serez grands, il ne faudra jamais vous abstenir d'user de ce droit dans votre intérêt même. Sans cela, comment voudriez-vous être gouvernés jamais par des hommes de bien partageant vos convictions, si vous laissiez aux politiciens le soin de choisir seuls vos représentants ?

Pour le bien du pays, la bonne direction des affaires, vous devrez toujours émettre votre volonté par un vote libre et intelligent. Afin de voter dans toutes les conditions désirables, il faudra vous éclairer auprès de personnes dignes de foi et compétentes, sur la valeur morale et intellectuelle des candidats qui se proposeront, et, faisant abstraction de toute préférence personnelle, de toute haine, voter pour le plus digne et employer toute votre influence pour la réussite de son élection. Cependant, vous ne devez pas user d'intimidation ni de séduction auprès de ceux qui seraient placés sous votre dépendance, car le vote n'a de valeur morale que s'il est donné librement, sans considérations étrangères à la justice et au bien public.

Maxime. — Abandonner son mandat d'électeur, c'est exposer le pays à l'anarchie, c'est agir en esclave. L'homme libre exprime sa volonté pour le choix des délégués aux affaires du gouvernement. Le droit de voter est pour lui un devoir sacré.

43ᵉ LEÇON. — Le Chant de l'alouette.

CHANSON DE FRANCE

Oiseau des champs, gaie alouette,
Suis la trace du laboureur :
Par tes refrains, ô ma pauvrette,
Rends toujours l'espoir à son cœur.

Mère confiante et légère
Laisse à l'abri de ses sillons
Ta couvée auprès des grillons
Qui portent bonheur à sa terre

Symbole du facile oubli,
Oiseau vénéré de la Gaule,
Par toi que sa peine s'envole
Et que de joie il soit rempli !

Que ta mélancolique plainte
Du Ciel invoque la bonté ;
De son esprit chasse la crainte
Par ta douce sérénité.

Des récoltes chasse l'orage ;
De son front chasse le souci ;
Que son azur soit sans nuage,
Lui qui du temps est à merci !

Oiseau du beau pays de France,
Emblème du vaillant labeur,
Toi dont le nom dit « Espérance ! »
Reste fidèle au laboureur !

Leçon et lecture. — Mes enfants, c'est bien d'aimer la France par reconnaissance, à cause de toutes les obligations morales et matérielles que nous lui devons. Mais c'est mieux encore de l'aimer simplement pour elle-même, parce qu'elle est la patrie au cœur toujours ouvert, la contrée gracieuse et hospitalière du bon accueil, le pays de la gaieté héroïque symbolisé par la vaillante et allègre alouette. Enfants de cette France, noble et belle, soyons dignes de notre mère ; unis sur son cœur, aimons-nous comme des frères, vouons-nous mutuellement protection, aide, amour. Prions Dieu d'éloigner d'elle les rivalités, les dissensions, les luttes intestines. Gardons notre force contre l'ennemi du dehors, pour la grandeur et la gloire de notre aimable patrie, et, quel que soit le labeur de chacun dans cette œuvre de fécondation patriotique, le mérite sera le même pour tous ceux qui s'y seront employés avec dévouement dans la mesure de leurs facultés.

Comme l'oiseau vénéré de la Gaule, dont le chant monte toujours plein d'espérance vers le ciel, annonçant un rayon de soleil après l'orage, leur ardeur patriotique, en réparant les malheurs du passé, fera renaître une phase de bonheur, de joie pure pour la France.

Maxime. — Oiseau fidèle de la Gaule, alouette dont le nom dit: gaieté et vaillance, emblème du cœur de nos aïeux! plane toujours sur notre terre; que ton chant d'espérance lui rende son ancienne fertilité et remplisse nos âmes d'un saint amour pour la patrie!

CHAPITRE IX

DEVOIRS ENVERS NOUS-MÊMES

Biens extérieurs. — Le corps.

11ᵉ LEÇON — Dignité personnelle

À Marguerite Lalanne.

Être digne, petite fille,
C'est respecter son être entier;
S'efforcer d'être bien gentille,
Au devoir toujours se plier.

Se respecter, c'est s'interdire
Un seul mot, un acte mauvais;
C'est aimer la vertu qu'admire
L'homme aux sentiments élevés.

C'est être simple et bien sincère,
Se corriger de ses défauts,
Être à soi-même très sévère,
Avoir l'esprit et le cœur hauts.

Être digne, c'est rester libre,
Fuir les sollicitations,
Mépriser celui qui se livre,
Plat, aux humiliations.

C'est ne jamais user d'intrigue
Pour lutter contre son rival ;
Car, seuls, des fripons, par la brigue,
Osent lever leur piédestal.

Être digne, c'est être sage,
Pour ne jamais baisser le front,
Et souffrir des méchants la rage
Sans être atteint par leur affront.

Leçon et lecture. — Petits enfants, les étoiles du ciel, les fleurs des champs sont bien belles à voir, mais vous êtes la chose la plus parfaite de la création.

Avez-vous vu la montre de votre papa, qui se compose d'une jolie petite boîte en métal brillant dans laquelle un savant mécanisme chante les heures du jour par un joyeux tic-tac ?

Eh bien ! votre être est composé, comme elle, de deux parties : le corps qui sert d'écrin à votre mécanisme intérieur, c'est-à-dire à votre intelligence, à l'âme qui vous anime, à cette chose essentielle par laquelle

vous sentez, comprenez, voulez, et qui vous rend supérieurs à tous les êtres.

Mais si Dieu vous fit la plus parfaite des créatures, il
vous donna aussi des devoirs sérieux à remplir et vous
rendit responsables de vos actes. Il vous ordonne, mes
enfants, d'avoir le respect de vous-mêmes, d'avoir de la
dignité personnelle. Or, se respecter, c'est pratiquer
toutes les vertus qui ont pour objet le bien du corps et
l'élévation de l'âme.

Oui, pour accomplir les vues de la divine Providence
pendant votre vie, vous devez veiller à ce que le corps,
qui sert d'enveloppe à votre âme, soit pur, ne soit terni
par le contact d'aucun vice, pour que votre âme, vivant
dans une bonne atmosphère, soit également forte et
pure.

Fuyez donc les mauvaises habitudes, fuyez les penchants vicieux, ne vous permettez aucune action répré-
hensible, cherchez chaque jour à vous fortifier davantage
dans la vertu pour honorer vos familles, la patrie, et
devenir les dignes soutiens de la société.

Petits enfants, vous qui serez les hommes de demain,
devenez grands de corps et d'âme pour être la force de
l'avenir.

Maxime. — Avoir le respect de soi-même, c'est vivre
selon les lois de la morale. Je veillerai sur moi-même
pour être fort contre le vice et marcher fermement dans
le sentier de la vertu.

45º LEÇON. — Nini.

ORDRE ET PROPRETÉ

Nini serait peut-être une enfant fort gentille
Si son minois n'était couvert de saleté...
On aime à rencontrer chez une jeune fille
De l'ordre et quelque soin, marque de dignité.

Hier elle a souffert de cette négligence...
On jouait au croquet dans le parc du voisin.
Le jeudi, ses enfants ont cette jouissance...
Nous regardions penchés aux barreaux du chemin.

« Venez, mes chers enfants, nous a dit la grand'mère,
» Avec mes petits-fils, jouer dans le château. »
Puis, à Nini : « Pas toi. » La dame n'est pas fière,
Mais aime qu'on soit propre et fasse usage d'eau.
On s'est bien amusé dans le parc des Vieux-Ormes ;
Nini n'était pas là ! Nini, les yeux en pleurs,

Méditait dans son coin aux caprices des hommes
Sans voir que leur beauté fait rechercher les fleurs.

Je lui dis, la trouvant au retour de sa tête :
Car elle est bonne en somme et nous l'aimons bien tous :
« Lave-toi, ma Nini, crois-moi, peigne ta tête,
« Et jeudi tu viendras t'amuser avec nous. »

Leçon et lecture. — Mademoiselle Nini, vous êtes une petite sale ! Et que c'est vilain ! venez-prendre modèle sur les petites filles de ma classe. Voyez, elles sont toutes bien peignées, le visage, les mains très bien lavés et les vêtements sans taches. Pas une n'a barbouillé d'encre ses doigts et son nez, aussi est-ce un plaisir de les regarder, tandis qu'on est pris de dégoût devant votre malpropreté. Mademoiselle Nini, je ne m'étonne pas que vous ayez un corps chétif et malade, car la saleté obstrue vos pores et vicie votre sang en empêchant l'air d'y pénétrer pour le revivifier. Par cette négligence de votre personne, vous risquez de contracter des maladies sérieuses, et la santé est un bien précieux sans lequel il ne vous sera guère possible de bien accomplir vos devoirs dans la vie.
Un écolier sans soin ne peut être un bon écolier. Il faut être propre et ordonné dès le jeune âge pour devenir des mères de famille soigneuses ou des ouvriers soigneux. Changez, ma pauvre enfant, suivez les conseils de votre compagne, et l'on vous recherchera au lieu de vous repousser.

Maxime. — Puisque le corps est l'écrin de mon âme, le vase où s'épanouit la fleur de mon intelligence, je veux l'entretenir avec soin pour que mon âme s'y complaise et y grandisse en toute liberté.

46ᵉ LEÇON. — Aux Gourmands.

LA TEMPÉRANCE

Dans un verger tout plein d'arbres chargés de fruits
Mûrs à point et vermeils, honneur de la nature,
Alléchés par l'odeur et par l'aspect séduits,
Deux enfants en faisaient abondante pâture.

On leur avait bien dit : « Amis, n'y touchez pas,
» Dans ce temps de chaleurs les fruits crus peuvent nuire. »
Mais nos mutins pensaient : « En manger ! Pourquoi pas ?
» Ils sont beaux : c'est péché que de les faire cuire. »

Quand soudain l'un se tord en criant : « Ay ! ay ! ay !
Et l'autre en pleurnichant se plaint de la colique !...
— Inutile, je crois, d'entrer dans le détail ?
Chacun rend par haut, bas, le trop plein... Je m'explique...

Enfants, ne soyons pas gourmands, c'est très vilain!
Écoutons les conseils de notre bonne mère!
Sur le fruit défendu ne portons pas la main,
Nous nous éviterons une souffrance... amère!

Leçon et lecture. — Je ne sais pas de plus vilain défaut que la gourmandise. Certes, ce n'est point mal d'aimer ce qui est bon et d'en manger raisonnablement; mais se porter jusqu'à l'indigestion est indigne d'une créature humaine.

Petits enfants, vous ne voudrez pas être moins raisonnables que votre petit chien et votre petit chat qui cessent de manger et de boire quand ils n'ont plus faim ni soif. Vous serez sobres, c'est-à-dire que vous vous habituerez à régler, à modérer votre nourriture. Il faut manger pour vivre, pour apaiser son appétit, mais sans gloutonnerie, sans recherche de raffinement dans les aliments.

La tempérance donne la santé, tandis que par l'abus des aliments et des boissons elle s'altère, et le goût et la facilité du travail disparaissent.

Quand on est gourmand étant petit, il est rare qu'on ne devienne pas ivrogne plus tard. Or, l'ivrognerie dégrade et avilit l'homme.

N'avez-vous jamais vu de ces êtres qui n'ont plus rien d'humain, marchant en zigzag, parlant tout seuls, gesticulant comme des fous? Leur rencontre ne vous a-t-elle pas remplis de dégoût et d'épouvante?

Petits enfants, j'espère que vous fuirez leur vice odieux pour garder intactes vos facultés et être ainsi capables d'accomplir dignement votre mission ici-bas.

Maxime. — Je serai sobre et ne m'abandonnerai à aucune passion, pour conserver intactes mes facultés et ne pas abdiquer mon titre et ma dignité d'homme.

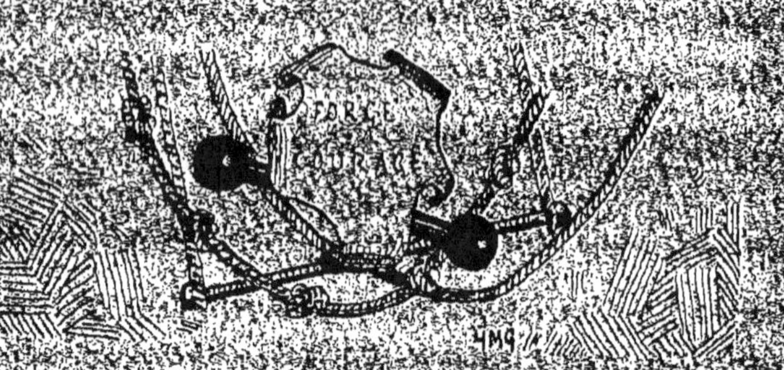

Vive le jeu, vivent les fêtes,
La gymnastique et ses ébats,
Ils nous préparent aux conquêtes,
Aux triomphes dans les combats,

Quand on crie : « Alignez vos têtes !
« Un, deux, trois, étendez vos bras !
« En avant ! » mes jambes sont prêtes,
Je marche accélérant le pas !

Gymnastique, aimable exercice,
Tu nous fais, sans nul artifice,
Grands, forts et beaux, pour le pays.

Formant des soldats pour la France,
Et des héros en espérance
De chacun de ses jeunes fils.

Leçon et lecture. — Petits enfants, vous avez appris qu'il fallait être bon écolier, se dévouer à sa famille et à sa patrie. Mais pour bien remplir sa tâche, pour être utile aux siens et à la société, il faut être fort, avoir une santé robuste. C'est ce que comprend bien le joyeux petit garçon qui crie dans la poésie précédente : « Vivent le jeu, la gymnastique et ses ébats. »

Ne croyez pas que ce soit par un amour immodéré de plaisirs qu'il vante ainsi les jeux. Non. A sa gaîté franche et cordiale, je le soupçonne d'être au contraire un excellent écolier et un bon fils : tant de joie ne peut se trouver dans une conscience troublée. Mais cet enfant a dû éprouver que la gymnastique fortifie son corps, le rend souple, agile, et il la glorifie d'accroître la valeur de son être en développant ses ressources physiques et ses moyens d'action. Car vous n'ignorez pas que les facultés de l'âme grandissent en proportion du développement du corps, et que tous les perfectionnements de celui-ci font retour en réalité au bien de l'âme.

Vous développerez donc votre corps, mes enfants, vous vous livrerez avec ardeur aux exercices physiques, puisque ce sont eux qui contribuent à préparer à la patrie des soldats adroits, forts et résistants, ainsi que de vigoureuses mères de famille : deux choses indispensables au bonheur de la nation.

Maxime. — Pendant les récréations, un bon écolier se signale par son ardeur au jeu. Il développe ainsi ses forces physiques et morales, et devient par conséquent beaucoup plus capable de mieux remplir tous ses devoirs. Un être chétif et maladif ne saurait être utile ni à lui-même ni à son pays.

48e LEÇON. — L'Économie.

Anny, d'Hortense est la cousine,
L'une économe et l'autre pas;
On les verra, ça se devine,
Un jour l'une en haut, l'autre en bas.

Quand on lui donne des étrennes,
Hortense court au pâtissier,
Revient la bouche, les mains pleines,
Et ne garde pas un denier.

Anny met dans sa tirelire
Tous les sous qu'elle peut gagner;
Je n'ai pas besoin de le dire,
C'est on ne peut mieux d'épargner.

Lorsqu'un mendiant, près d'Hortense,
Implorant vient tendre la main,

Elle doit en souffrir, je pense,
N'ayant plus un sou pour du pain.

Anny peut lui faire l'aumône,
Cela met de la joie au cœur
D'être compatissante et bonne
Et de soulager le malheur.

Puis on peut faire à ses amies,
A ses parents quelques cadeaux...
Par de sages économies
De l'avenir on vainc les maux.

Personne n'aime l'égoïste
Et tôt ou tard Dieu le punit,
Mais de celui que l'on assiste
Le cœur nous aime et nous bénit.

Leçon et lecture. — Mes chers petits, après la santé
et l'affection de ceux qu'on aime, ce sont les biens
extérieurs qui nous rendent la vie agréable.

On est heureux lorsqu'on a les aliments, les vêtements,
les meubles, les terres, la maison nécessaire à son existence, à son logement.

Ces choses peuvent s'acquérir par le travail et l'épar-
gne.

Oui, petits enfants, l'économie est le fondement de
toutes les richesses. Montrez-vous donc économes en
ménageant vos habits, vos livres, vos cahiers, en ne
dépensant pas inutilement les sous qu'on vous donne
pour les fêtes ou lorsque vous avez été sages.

Si vous savez régler vos désirs, vous vous réserverez des jouissances bien douces en vous procurant le moyen de faire l'aumône, d'assister les malheureux.

Si vous prenez l'habitude de mettre de côté quelques sous pour parer à l'avenir, vous vous réserverez, étant hommes, la tranquillité, la sécurité, l'indépendance et la dignité personnelle, car rien ne rabaisse comme le besoin d'implorer l'assistance des autres ou de leur emprunter.

Maxime. — La prévoyance et l'économie nous mettent à l'abri des besoins. Mettons de côté une partie de notre gain pour garantir notre avenir et ne dépendre que de nous-mêmes.

49ᵉ LEÇON. — Avarice et Générosité.

Lorsque Fernand a quelque chose
Vite il en donne à ses amis ;
Jamais sa main ne reste close
Pour partager ; il est exquis.

Hélas ! mon Dieu ! pour une rose
Qu'en promenant, hier, je pris
Dans son jardin, bouder il ose !
J'en suis encore tout surpris !

Je crois qu'un vrai plaisir sur terre
C'est de savoir donner son bien ;
Car on se fait par ce moyen

Aimer et chérir comme un frère.
Arrière, avares, gens sans cœur !
Vous ignorez le vrai bonheur.

Leçon et lecture. — Petits enfants, il ne faut pas être prodigues, c'est-à-dire dépenser tout ce que l'on possède sans réflexion et sans nécessité; mais il faut être généreux comme Fernand, qui partage ses bonbons, ses friandises et ses jouets avec ses amis. Quant à René, j'ai peine à comprendre qu'un petit garçon montre de telles dispositions à l'avarice, et boude pour une fleur qu'il aurait dû offrir avec tant de plaisir à son compagnon.

S'il est sot de dissiper son bien et de se vouer ainsi volontairement à la misère, il est odieux de ne rien donner et de se refuser même le nécessaire par avarice. L'avare, mes enfants, est une espèce de fou qui ramasse de l'or avec avidité, non pas pour les agréments que celui-ci peut lui procurer, mais pour le stérile plaisir de le contempler; cela est insensé, vous le comprenez, parce que l'argent n'a d'autre valeur réelle que celle de nous acquérir les biens extérieurs, les choses nécessaires à notre existence. Sachons donc économiser pour sauvegarder notre avenir et notre dignité, mais gardons-nous de l'avarice comme d'un vice dégradant pour l'homme, qu'il rend esclave et martyr de sa cupidité.

Maxime. — Dissiper son bien, c'est se vouer à la misère; contracter des dettes, c'est abdiquer son indépendance. Mais être en proie à l'avarice, c'est renoncer à toute affection, à sa liberté, et devenir le vil esclave d'un peu d'or.

CHAPITRE X

DEVOIRS ENVERS NOUS-MÊMES

Biens extérieurs. — L'âme.

50e LEÇON. — Mademoiselle Crispon.

IL FAUT SE CORRIGER DE SES DÉFAUTS. VOLONTÉ.

Andrée Cantaloup.

Je voudrais être comme Berthe,
Aimable, bonne, sans défaut !
Je le voudrais de tout cœur, certe ;
Mais, mon tempérament prévaut.

Je suis crispon, aux coups alerte,
Toujours prête à franchir d'assaut.
Ah ! pour rendre mon sang inerte,
Dites-moi ce que faire il faut ?...

Voici ce que m'a dit grand'mère

« Il faut, enfant, dans la prière,
» Implorer. le secours des cieux,

» T'exercer à suivre un modèle,
» A sa trace rester fidèle,
» E t, fermement, dire : « Je veux! »

Leçon et lecture. — Enfants, n'avez-vous pas dit souvent comme notre petite héroïne : « Je voudrais être aussi bonne que celle-ci, faire aussi bien que celle-là? » Eh! que n'avez-vous dit bravement : « Je veux? »

Dire : « Je voudrais, » c'est se soumettre d'un cœur indolent aux caprices du hasard. Dire : « Je veux, » c'est commander avec énergie au destin et le soumettre à notre volonté.

Petit enfant qui lis cette page, quand tu es capricieux et volage, si tu disais fermement : « Je veux devenir sérieux et réfléchi; » quand tu es paresseux et nonchalant; « Je veux être laborieux et actif, » tu aurais bientôt acquis les vertus opposées aux défauts qui assaillent ton âme, et tu serais heureux parce que ton cœur serait satisfait, et tu serais joyeux parce que rien ne troublerait ta conscience.

Petit enfant qui as une âme immortelle née d'un souffle de Dieu, sache que ton premier devoir envers elle est de te corriger de tes défauts, de l'élever, de la grandir par tes aspirations vers le bien, pour qu'après avoir accompli son chemin sur la terre et répandu le doux parfum de sa vertu autour d'elle, donné le bonheur à ceux qui l'ont approchée ici-bas, elle retourne pure et saine auprès de son créateur.

Maxime. — Savoir vouloir est tout : Je travaillerai fermement à donner de la force à mon corps, de la volonté à mon âme, pour être capable de bien remplir tous mes devoirs.

51e LEÇON. — La Paresseuse.

AVOIR HONTE DE L'IGNORANCE ET DE LA PARESSE.

Ah! bé! que c'est donc bête!
On me casse la tête
À mettre dedans
L'abécé pédant.
Non! j'ose le dire,
Je ne veux pas lire!
C'est trop ennuyeux,
J'y perdrais les yeux.

Quand on a planté l'effe
Dans mon cerveau l'on greffe
Presque tout d'un jet
Esse, erre, dé, gé!
Je rabâche l'emme;
Qu'apprendre peu j'aime!
Ah! vivent les jeux
Qui nous font heureux!

Ainsi la paresseuse
A rien faire se creuse
Le cerveau, l'esprit,
Et sans nul profit
Vient à son école :
Ah ! quelle enfant molle ?
C'est fâcher les cieux
D'être insoucieux.

Aime-t-elle sa mère ?
Elle voudrait lui plaire !
Quand on a du cœur
On fait son bonheur ;
On apprend à lire
Pour la voir sourire,
Pour voir radieux
Son beau front neigeux.

Leçon et lecture. — Mes enfants, il faut avoir honte de l'ignorance et de la paresse qui amoindrissent l'homme et le rendent incapable de connaître ses devoirs et de les accomplir.

Les écoliers doivent s'appliquer à cultiver leur intelligence, à faire tous leurs efforts pour acquérir le savoir qui leur donnera une place honnête dans la société. L'ignorance conduit à la plus affreuse misère, et la paresse aux pires malheurs. Les ignorants et les paresseux ne trouvent pas d'emplois et finissent leurs jours dans la mendicité ou le crime.

Vous n'enviez pas, je pense, le sort de la petite fille de notre poésie ? Je la suppose assez malheureuse, car elle doit être souvent puni! Croyez-vous que sa maîtresse puisse l'aimer? Et combien son pauvre père et sa pauvre mère doivent souffrir de voir leur enfant se réserver un si triste avenir!

Il n'y a pas à dire, les paresseux ne sont jamais bons à rien; fussent-ils riches même, ils trouvent souvent moyen d'être ruinés par leur indolence.

Pour vous, mes enfants, qui avez de l'amour-propre et du cœur, vous travaillerez pour n'être pas ignorants, pour être utiles à vous-mêmes et aux autres, et pour faire plaisir à vos bons parents ainsi qu'à vos maîtres.

Maxime. — Je travaillerai pour fuir l'ignorance qui amoindrit l'homme, le prive de biens précieux et lui inflige des humiliations et des peines continuelles.

52ᵉ LEÇON. — La Petite Ignorante.

NÉCESSITÉ DE L'INSTRUCTION POUR TOUS LES HOMMES

Elle a dix ans bientôt et ne sait pas écrire,
    Elle ne connaît presque rien.
Elle passe son temps à courir, jouer, rire...
    On se moque d'elle, et c'est bien.

Je la plaindrais vraiment si ce n'était sa faute,
    De la voir parmi les petits
Avec ces longs jupons et cette taille haute;
    Sa mère en a mille dépits.

Quel honneur voulez-vous que fasse à sa famille
    Cette ignorante, à l'avenir?
Peut-on être flatté d'une semblable fille?
    Il faut sans cesse la punir.

Elle n'écoute pas les propos des maîtresses
    Qui lui redisent chaque jour :
« Mieux vaut tard que jamais. Dissipez vos faiblesses
    Montrez aux vôtres quelque amour. »

Sans entrailles, sans cœur, elle fait la grimace
    A tous leurs excellents conseils.
Aux bons parents, mon Dieu ! faites au moins la grâce
    De n'avoir pas d'enfants pareils !

Leçon et lecture. — Petits enfants, si vous étiez ignorants, ce serait par votre faute. Pour vous instruire, il vous suffit de prêter attention aux leçons de vos maîtres ; vous seriez donc, je le répète, bien coupables d'être indolents à ce point. Quand on a dix ans surtout, il est honteux d'être à la division des petits ! De tels élèves se déshonorent et font la désolation de leur famille.

C'est bien mal récompenser l'affection d'un père et d'une mère et leur témoigner peu d'amour que de ne faire aucun effort pour apprendre, car chacun de vous sait, mes enfants, que le plus grand bonheur qu'il puisse procurer à ses parents, c'est de faire des progrès en classe.

Puis, en dehors de toutes ces considérations, votre devoir est de vous instruire, de cultiver votre intelligence, d'acquérir des connaissances qui vous permettront un jour d'être utiles à vous-mêmes et à la société.

Un ignorant est presque toujours un parasite qui vit du travail de tous sans pouvoir rien donner.

L'ignorance est la source d'une foule de vices, tandis que l'instruction rehausse l'homme qui la possède et lui assigne presque toujours un rang distingué. En tout cas elle est utile dans toutes les carrières ; c'est grâce à elle qu'un ouvrier habile peut arriver à l'aisance, que le laboureur améliore ses moyens de culture, et sans elle enfin aucune branche d'industrie ne pourrait prospérer.

Maxime. — L'instruction procure de grands avantages. Je veux prendre dès le jeune âge l'habitude de la réflexion et de l'étude pour devenir instruite et améliorer ma situation.

53ᵉ LEÇON. — Ce que dit l'Aiguille,

PATIENCE ET PERSÉVÉRANCE

Lorsque ton aiguille,
Ma petite fille,
Court, court dans tes doigts,
Entends-tu sa voix ?

« Pas à pas, dit-elle,
» On fait son chemin ;
» Point par point, ma belle,
» L'ouvrage à la main
» Prend gentiment forme,
» Et l'on est heureux
» De la tâche énorme
» Qui s'achève aux yeux.

» On devient habile;
» Et, dans l'avenir,
» Loin d'être inutile
» On se fait bénir!
» La douce richesse
» S'acquiert par sueur,
» La molle paresse
» Chasse le bonheur.

» Ayons dès l'enfance
» Pour le travail goût;
» La persévérance
» Vient à bout de tout. »

Leçon et lecture. — Mes petits enfants, il faut non seulement travailler, comme nous l'avons dit dans une leçon précédente, parce que tout travaille dans la nature et que le travail est dans l'ordre même de l'existence humaine, mais il faut travailler encore avec application, avec patience et persévérance, parce que c'est grâce à ces vertus qu'on perfectionne son travail. Progresser est la loi du monde. Sans le progrès nous vivrions dans une immuable routine, aucune découverte n'aurait été faite et nous habiterions encore dans les cavernes des hommes des premiers âges.

Petits enfants, si vous voulez plus tard acquérir de l'aisance et même des richesses, ne vous contentez pas seulement de prêter toute votre attention pour faire aussi bien que l'on vous enseigne, mais ayez l'esprit d'initiative qui pousse à faire mieux que ce qui a été fait jusque-là. Si vous réfléchissez ainsi profondément à votre ouvrage dès l'enfance, et que vous mettiez de la constance dans la poursuite de vos idées, il est infaillible que vous arriverez à de bons résultats et vous serez les premiers à jouir du petit bien-être que votre persévérance aura ajouté aux richesses que le travail des hommes accumule depuis tant de siècles.

Mais ceci est pour beaucoup plus tard, dans de nombreuses années. Pour le moment, travaillez consciencieusement à votre tâche d'écoliers, en pensant que de vos efforts présents dépendra votre bonheur à venir.

Maxime. — En s'appliquant, on perfectionne son ouvrage. Le petit enfant doit travailler à préparer son avenir. Le travail manuel et celui de la pensée sont également nobles et utiles à l'humanité. Mépriser un travailleur est une sottise.

54e LEÇON. — C'est le Chat.

LE MENSONGE

Grand'mère a laissé son ouvrage,
Tapisserie à grand ramage,
Sur ce tabouret, et, vraiment,
Bébé s'imagine, je gage,
En y travaillant être sage,
La surprendre agréablement
Et mériter son compliment.

Donc il enfile un bout de laine,
Au canevas sans trop de peine
La pique, mais il juge bien
Que ce travail-là ne vaut rien.
Alors il s'empare sans gêne
Des ciseaux et, tout d'une haleine,
En croyant défaire le sien,
Il touche au dessin de grand'mère.

Y fait un trou... mauvaise affaire !
Mais bébé trouve par bonheur
Des lunettes sur l'étagère :
Avec quatre yeux on doit mieux faire ?
Il les attrape plein d'ardeur,
Tombe et les casse... Ah ! quel malheur !
Avec n'eût-il pas fait merveille ?
Par terre aussi gît la corbeille !...
Grand'mère arrive en ce débat.
Or, dans un coin Minet sommeille ;
L'idée en notre enfant s'éveille
D'accuser l'ennemi du rat :
Il dit : « Grand'maman, c'est le chat ! »

La dame, rouge de surprise,
Dit : « Le chat mourra sans remise,
» Oui, qu'on le pende court et prompt ! »
Voulant exciter la franchise
Du marmot qui mentir s'avise.
Lui, le cœur gros, vite interrompt :
« C'est moi ! » plein d'un remords profond.

Leçon et lecture. — Ce petit marmot sera grondé
sans doute, mais je crois pourtant que sa grand'mère
tiendra compte de son aveu tardif ; et puis son intention
n'était pas mauvaise d'abord ; il voulait faire l'ouvrage de
grand'mère. Cela nous prouve que les enfants ne doivent
toucher à rien sans autorisation.
Voilà comment on commence à mentir ; c'est presque

toujours pour une petite faute que l'on veut cacher, soit en la déguisant, soit en la rejetant sur autrui.

Petits enfants, on sait que vous n'êtes pas infaillibles, que vous êtes sujets à bien des chutes. Quand vous aurez manqué à votre devoir, fait quelque chose qu'il ne faut pas, avouez franchement vos torts et l'on sera enclin à quelque miséricorde pour vous, car la franchise répare bien des fautes.

Ne cherchez jamais à tromper. Que votre bouche ne profère que la vérité. Ceci est de la dissimulation et le contraire de la franchise. Quand vous parlez, que votre parole soit l'expression de votre pensée; quel que soit le motif du mensonge, il est toujours un acte odieux.

Que diriez-vous d'un marchand qui falsifierait ses poids et vous vendrait comme excellentes des marchandises avariées?

En donnant des paroles menteuses pour des vérités, vous commettez la même fraude, et vous êtes bien plus coupables parce que d'un mensonge, il résulte souvent de grands maux, de grands désordres.

Si vous veniez cependant à succomber au mensonge, rougissez de cette honte et avouez aussitôt la vérité comme le petit héros de notre poésie.

Maxime. — Je ne tromperai jamais personne sur mes sentiments, c'est-à-dire que je serai simple et sincère, je ne prononcerai que des paroles véridiques et n'agirai que selon ma pensée.

55° LEÇON. — Un Vilain Défaut.

L'HYPOCRISIE

Oh! l'hypocrite, la sournoise,
Voyez l'air béat qu'elle prend!
A pincer, quand on la surprend :
« C'est faux! C'est qu'on lui cherche noise! »

Hier elle a, presque à moitié,
Plumé cette pauvre perruche
Que sa concierge toujours juche
Sur la fenêtre : « Ah! c'est pitié,
» A-t-elle dit, la chère bête!
» Quel est le méchant animal
» Ainsi qui l'a pu mettre à mal?
» Moi qui lui faisais toujours fête! »

Et son visage était charmant,
Avec un petit air de sainte;

Devant sa douleur si bien feinte,
Qui pourrait croire qu'elle ment?

Eh bien! malgré cette impudence,
Je crois son esprit malheureux,
Car ce qu'elle cache à nos yeux
Parle haut dans sa conscience,
Qui lui dit que c'est mal agir,
Indigne, de tromper sans cesse
Sous nos regards son front se baisse
Et la honte le fait rougir.

Leçon et lecture. — Ah! le petit masque! la vilaine enfant! Est-il possible, mon Dieu, de voir tant de fausseté? Comment voulez-vous que de pareils types ne surprennent pas la bonne foi des honnêtes gens? En tout cas, la brave concierge ne soupçonnera pas la triste enfant qui plaint si bête, et peut-être accusera-t-elle quelque innocent espiègle qui sourira de sa douleur.

O mes petits amis, que le dégoût que vous inspire cette hypocrite petite fille vous corrige à jamais de son odieux vice.

L'hypocrisie est la forme la plus répugnante du mensonge, celle qui doit nous inspirer le plus de mépris. Aussi je ne saurais vous dire combien, au fond du cœur, j'ai pitié de la malheureuse enfant dont l'affreux caractère vous est dépeint dans cette poésie, car je la connais! Quand elle a l'air d'être de votre avis, au fond elle pense le contraire.

Lorsque la maîtresse est au tableau occupée à écrire, elle fait une niche à sa voisine, fait rire toute la classe; mais quand la maîtresse se retourne, notre sournoise a l'air d'une sainte et les autres sont punies. Quand elle est fâchée contre une compagne, elle dissimule sa colère, mais dès que l'occasion se présente, elle la pince, tache son cahier ou lui fait quelque autre tort... Mais taisons ces laideurs et disons au contraire combien c'est noble et charmant de ne dire que ce qu'on pense et de n'agir que franchement.

O mes petits, que votre regard limpide et votre parole soient le reflet de votre âme. Ne soyez pas dissimulés, en dessous. Dès que les sournois sont découverts, on les déteste, on les méprise, tandis que la franchise fait excuser tous nos petits défauts.

Maxime. — Je ne mentirai ni en paroles ni en actions. Je ne dirai et ne ferai rien qui ne soit le reflet de ma pensée.

50° LEÇON. — Les Orphelins.

Pauvres enfants! leur mère est morte,
Ils s'en vont tristes tous les deux,
Sans que sur le seuil de la porte
On leur donne baisers, adieux...

Le père? Il est à son ouvrage
Gagner le pain de chaque jour.
L'aîné, huit ans, fait le ménage,
Soigne son frère avec amour.

Souvent ils vont au cimetière
Mettre un bouquet sur le tombeau
Où dort sans fin leur pauvre mère,
Là, leurs pleurs coulent à nouveau.

Pleurez, priez, mes petits anges,
Car rien ne vous rendra son cœur

Ni ses caresses sans mélanges !
Avec elle a fui le bonheur...

Dieu qui donnes les fleurs aux plaines,
Les astres aux cieux triomphants,
Laisse pour alléger leurs peines
Une mère aux petits enfants !

Leçon et lecture. — Mes petits enfants, au chapitre des Devoirs envers la patrie, nous avons eu à nous entretenir du courage héroïque, cette vertu guerrière qui fait affronter le péril avec fermeté d'âme, lorsque c'est nécessaire, et qui est la qualité principale des Français.

Mais il est mille circonstances dans la vie où il ne faut pas déployer moins de courage que sur le champ de bataille.

Par exemple, pour vaincre vos mauvais penchants et travailler à acquérir du savoir, il vous faut un courage fait de patience et de persévérance qui, pour être moins brillant, n'est pas moins méritant que le premier. Chaque situation, chaque carrière offre à chacun l'occasion de braver les menaces, les violences des méchants pour le triomphe de la vérité et pour obéir au cri de sa conscience. C'est ce qu'on appelle le courage civil.

Il est encore une autre forme de courage, qui malheureusement n'est que trop mis à l'épreuve dans les familles : c'est le courage dans le malheur dont le petit héros de notre poésie nous donne un touchant exemple.

Devant la perte de sa mère, il ne se laisse pas abattre, et il la remplace auprès de son petit frère aussi bien qu'à la maison.

Devant les infirmités, les maladies, nous devons, mes

enfants, opposer cette force d'âme qui triomphe de toutes les épreuves et force la chance à nous sourire.

Aide-toi, dit un proverbe, le ciel t'aidera : C'est là une invitation au courage contre les vicissitudes du sort. Ce proverbe vous enseigne, enfants, qu'en opposant aux difficultés de l'étude ou autres, la volonté, la patience et la persévérance, vous les aurez bientôt vaincues.

Maxime. — Le courage est de tous les âges ; il n'est pas de jour où chacun n'ait à en faire usage en opposant à sa paresse, à ses fantaisies, à toutes ses difficultés, la contrainte et la fermeté.

57ᵉ LEÇON. — **Une Escapade.**

FOLLE TÉMÉRITÉ

J'aime quand grand'mère
Parle du vieux temps
Où notre cher père,
N'ayant que six ans,

Dessus la rivière,
Sans peur des autans,
Conduisait, légère,
Sa barque à tous vents !

Cet acte à son âge
Était du courage :
Mais, désobéir,

Manquer son école,
C'était trop frivole,
Il se fit punir !

Leçon et lecture. — Chaque vertu, mes enfants, a ses défauts opposés : si le courage est beau, la peur est ridicule, mais peu connue en France, où se rencontre plus volontiers la témérité qui va jusqu'à braver des dangers inutiles, ce qui est aussi blâmable à mon sens.

Se jeter à l'eau pour sauver quelqu'un qui se noie est bien ; mais braver les flots, malgré la défense des siens, par bravade et fanfaronnade, c'est sot et méchant ; car c'est faire inutilement de la peine à ceux qui nous aiment et leur désobéir. Le véritable courage consiste plus véritablement à vaincre ses fantaisies coupables et à dominer ses passions.

Donc, mes enfants, vous vous montrerez courageux en résistant à vos caprices coupables et en en faisant le sacrifice pour suivre les conseils de ceux qui doivent vous diriger. Pour prouver qu'on n'a pas peur, qu'on est brave, il n'est pas nécessaire d'affronter des périls sans nécessité, mais il faut réserver son action et ses forces pour le jour où elles pourront être utiles. N'oublions jamais, surtout, qu'accomplir son devoir envers et contre tous est la plus belle preuve de courage.

Maxime. — L'enfant se montre courageux en résistant à ses tentations, en acceptant les contrariétés sans murmurer, en se montrant patient et persévérant dans ses études et en maîtrisant ses mauvais penchants.

58ᵉ LEÇON. — Connais-tu l'humble violette?

MODESTIE

A Marthe Duvignau.

Connais-tu l'humble violette
Qui se cache au profond des bois?
Imite l'aimable fleurette :
Baisse les yeux, baisse la voix!...

Son doux parfum, seul, la révèle
Et nous dévoile son séjour;
Car, bien que tendre autant que belle,
La solitude est son amour.

La modestie est son emblème
Et la chasteté son attrait...
Dessus ton front, enfant, que j'aime
D'en retrouver un doux reflet!...

Leçon et lecture. — Mes enfants, loin d'amoindrir
notre personne, la modestie la rehausse : elle est comme

le reflet de notre dignité personnelle. En effet, plus on a le respect de soi-même et plus on s'étudie pour se corriger de ses défauts, et lorsqu'on se connaît bien, qu'on se juge à sa juste valeur, — quelles que soient, d'ailleurs, les qualités que l'on possède, — on s'aperçoit vite de ses défauts et des vertus qui nous manquent, car nul n'est parfait. Alors on devient modeste, c'est-à-dire qu'on ne s'admire pas sottement, et loin d'exagérer ses mérites, on les rabaisse plutôt pour ne pas humilier les autres.

Ne cherchez donc pas, mes petits amis, à vous prévaloir de votre supériorité : Si vous êtes plus instruits, plus intelligents, plus riches ou plus jolis que vos camarades, songez que le premier, le seul mérite en revient à Dieu qui vous a si bien départis.

Il sied aux jeunes filles surtout d'être simples et modestes. La modestie est comme un doux parfum qui s'exhale de leur personne et les rend chères à nos cœurs.

Maxime. — Un enfant vraiment intelligent n'est pas orgueilleux : il est modeste, au contraire, parce qu'il comprend que ce qu'il sait est peu de chose à côté de ce qu'il lui reste à savoir.

59e LEÇON. — L'Orgueil.

C'est un enfant, dix ans à peine !
Déjà plein d'un orgueil profond ;
Sa parole est sèche et hautaine...
Il vient de faire un dur affront
A ce pauvret qui là-bas pleure ;
Il l'a chassé du jeu disant :
« Ton habit tout râpé m'écœure,
» Ton aspect est trop déplaisant ! »

Petit méchant ! quoi la fortune
A ce point a flétri ton cœur,
Qu'un pauvre orphelin t'importune,
Et tu ravives son malheur !

Cruel, as-tu bien grand mérite
Aux bons soins que l'on prend de toi ?
Ton sot orgueil, ce jour m'invite
A t'humilier, par ma foi !

Examinons ton personnage!...
Otons-lui son manteau brodé,
Sous lui, nous trouvons, quel dommage!
Ton amour-propre peu fondé.

D'où te vient donc cette arrogance?...
Est-ce de ce que le hasard
Donna du bien à ton enfance?
Hélas! que seras-tu plus tard?...

Crois-moi, le seul bien véritable...
Est d'un esprit droit la bonté;
Tout bien terrestre est périssable,
Jugeons-nous avec équité.

Leçon et lecture. — Mes petits enfants, l'orgueil est une sottise. En effet, se prévaloir de ce qu'on a des parents riches ou dans une situation élevée, de ce que l'on est mieux habillé que ses camarades, de ce qu'on a des jouets plus nombreux et plus beaux que les leurs, est preuve de bien peu d'esprit, parce que cela n'ajoute rien à notre valeur personnelle. Être vaniteux de ces choses indépendantes de nous est presque une marque d'indignité, parce que nous paraissons vouloir ainsi usurper une considération que nous ne méritons pas; car, quels efforts nous ont mérité ces privilèges? En nous montrant dédaigneux pour des raisons si puériles, si ridicules, nous nous rendons insupportables à tout le monde et nous nous faisons détester. Cependant, je veux vous prémunir contre une habitude qu'ont les enfants, et peut-être aussi les grandes personnes, d'appeler orgueilleux à tout propos, et d'excuser à leurs yeux leurs propres fautes en jetant ce qualificatif aux camarades, aux gens dont ils ont blessé la dignité et qui le leur ont fait sentir.

Dernièrement, un nouveau arrive dans une école et fait mille avances, mille politesses à ses camarades. Et comme il est bien élevé, qu'il sait vivre, il va même jusqu'à les visiter dans leurs familles; or chacun d'eux le repousse avec froideur, l'accueille très mal parce qu'un ennemi méchant a prévenu leur esprit contre lui. Mauvais prétexte.

Cette impolitesse, cette conduite grossière à son égard blesse cet enfant dont un mépris profond pénètre le cœur pour ceux qui l'ont traité ainsi sans qu'il l'ait mérité.

A son tour, il se tient à l'écart et dédaigne les dédaigneux, qui l'appellent aujourd'hui « orgueilleux ». Il est toujours facile de changer les rôles! Les sots orgueilleux, selon moi, les sans cœur, furent ceux qui l'accueillirent si mal, et l'attitude de notre petit héros me paraît une noble fierté, le sentiment de la dignité offensée. Je ne dis pas qu'il ne serait pas plus généreux d'oublier. Mais les autres n'auraient-ils pas dû commencer par avoir la générosité de ne le point faire souffrir lorsqu'il ne leur avait rien fait? Cette conséquence est naturelle, la justice veut que nous soyons traités comme nous avons traité les autres.

Maxime. — Parler trop de soi et se vanter de ses mérites est une sottise. Mépriser les autres est cruel. L'orgueilleux se couvre de ridicule.

60° LEÇON. — La Vaniteuse.

La voyez-vous avec sa belle robe,
Se promenant, pleine de fatuité?
Dirait-on pas qu'il n'est rien sur le globe
Qui lui paraisse égal à sa beauté?

Comme le paon, Ernestine se gobe,
Et de son haut nous toise avec fierté;
Pour l'admirer, Dieu fit le jour et l'aube
Seule une sotte a tant de vanité.

Pour la charmer il faut un beau plumage,
Un habit simple à ses yeux fait horreur;
Les pauvres n'ont point accès dans son cœur.

Moi, pour me plaire, il faut un esprit sage,
L'amour du bien, l'amour de la vertu.
Ai-je raison, ami, qu'en penses-tu?

Leçon et lecture. — Sotte vaniteuse! Quoi! parce

que tu as une jolie robe, de beaux bijoux, un chapeau voyant, tu t'attribues une grande valeur et t'admires?

Moi je félicite ta couturière, ta modiste, ton bijoutier, mais ne t'y trouve aucun mérite.

Ah ! je comprends ! Cela attire les regards sur toi, et tu es heureuse?

Il y a de quoi ! Les mannequins jouent le même rôle en vitrines ! On les regarde aussi en passant, et ils n'en sont pas plus fiers vraiment !

Qu'importe, cela te plaît ! Ta frivolité ne s'accommode pas de passer inaperçue, et puisque tu n'as pas les mérites personnels qui attachent les regards, tu veux les attirer comme tu peux ! Ceci est pire que la vanité : c'est de la mauvaise coquetterie.

Il est du devoir d'une jeune fille d'avoir soin de sa personne, par dignité; de l'embellir même pour plaire à ceux qui l'entourent, être la parure, le charme de sa maison. Cependant, ces soins doivent être dépourvus de cet excès de frivolité qui fait rechercher les hommages du dehors.

Aimer les bagatelles de la parure avec passion marque une trop grande légèreté d'esprit.

Mais où ta vanité devient cruelle et méchante, c'est lorsque tu refuses de jouer avec des enfants mal vêtus. Sous leurs haillons en détresse s'abrite peut-être un grand cœur, tandis que sous tes falbalas à la mode, tu ne peux nous cacher la bassesse du tien.

Enfant, c'est par de pareils dédains que les heureux soufflent la haine dans l'âme des malheureux. Pense que tous les hommes sont frères, et que riches et pauvres tombent en poussière après leur mort.

Maxime. — J'éloignerai de moi les sentiments puérils de vanité. Je choisirai mes amis parmi ceux qui ont une belle âme et non de beaux habits. Je ne m'attribuerai pas des qualités que je n'ai pas et, par modestie, je tairai celles que je possède.

61ᵉ LEÇON. — L'Envie.

Chagrin du bonheur des autres,
Jalousie, — ô funeste mal
Qui bannis l'amour cordial
Et dedans la haine te vautres —

Fuis de mon cœur, car tu dénotes
Un enclin vil et déloyal
Et contre des amis complotes
Quelque embarras triste et fatal.

J'ai pitié de celui qu'enchaîne
Ton joug et souffre tant de peine
Du talent, du plaisir d'autrui.

Envieux qui baves sans cesse ;
Ah ! combien ton âme traîtresse
Hélas ! à de justes a nui !...

Leçon et lecture. — Mes enfants, l'envieux est presque toujours un sot orgueilleux qui ne jalouse le bonheur d'autrui que parce qu'il se croit supérieur à tout le monde et est persuadé que tout lui est dû. La moindre faveur obtenue par n'importe qui, lui cause un dépit extrême. La jalousie est un vilain défaut qui gâte tous les plaisirs de celui dont elle remplit le cœur par le chagrin qu'il éprouve de voir que les autres ont aussi quelques joies.

Mes petits amis, il ne faut jamais être fâché du succès de vos camarades. S'ils sont premiers et qu'ils méritent souvent les éloges du maître par leur application, rien ne vous empêche de faire de nobles efforts, de travailler aussi avec ardeur pour les égaler; mais votre émulation doit être sans bassesse et sans jalousie, car ce mauvais sentiment conduit aux vices les plus odieux. Il nous excite à la dénigration, à la médisance, à la calomnie et à de pires attentats contre nos rivaux détestés, en soufflant une funeste haine dans nos âmes. Enfants, un des premiers moyens d'être heureux, c'est de ne pas envier le bonheur de ceux qui sont au-dessus de nous, mais de regarder ceux qui sont au-dessous.

Maxime. — Ayons de l'émulation, car c'est une bonne chose qui, loin de diviser, unit et engendre le progrès; mais gardons-nous de la jalousie qui désunit et produit la haine.

62ᵉ LEÇON. — Un Conseil.

IL NE FAUT PAS BOUDER

Quoi ! ces gentilles boucles blondes
Et ce nez rose et ces yeux bleus
Qui mènent vaillamment des rondes,
Savent bouder ? Mais c'est affreux !...

Voyons ! pour que tu te morfondes
Contre ce mur, l'air malheureux,
Dis-moi quelles peines profondes
T'ont assailli parmi tes jeux !

Ah ! je comprends ce qui te fâche,
Tu voulais faire à cache-cache
Les autres à saut de mouton.

La résistance t'est amère ?
Quel orgueil ! crois-en ta grand'mère
Pour dominer, plier est bon !...

Leçon et lecture. — Mes petits amis, la bouderie provient la plupart du temps de l'orgueil froissé. On se croit un petit phénix, on veut commander, et si l'on nous résiste, cela nous blesse, nous boudons.

Bouder, mes enfants, c'est s'enlaidir par plaisir, c'est faire une affreuse grimace, les yeux froncés, la bouche en avant. Cette attitude récalcitrante veut dire : « Je vous garde du ressentiment d'avoir blessé ma grandeur. »

Oh ! mes enfants, que c'est ridicule ! et avec quelle raison ne se moque-t-on pas des enfants boudeurs ! Le secret de se faire aimer, chers petits, c'est d'être de l'avis de tout le monde, non pas par bas calcul, mais par bonté de cœur, d'être gentils, d'avoir une figure gaie, souriante.

Quand vos parents ou vos maîtres vous punissent, songez que c'est pour votre bien, afin de vous montrer que vous avez mal fait et vous corriger de vos défauts pour que vous deveniez meilleurs à l'avenir et soyez heureux.

Maxime. — Quand j'aurai mérité une réprimande, au lieu de bouder, j'irai gentiment trouver ma mère ou mon maître et lui dirai du fond du cœur : « Je vous promets de ne plus recommencer. »

63ᵉ LEÇON. — La Colère.

Pan! pan et pan!... Les coups de poings pleuvaient,
Pif! paf! pif! paf!... Les gifles se suivaient...
    Et nos deux bambins en colère
L'un et l'autre essayaient de se rouler à terre.

Jean avait dit à Paul: « Ah! quel nez, mes amis! »
Et d'un coup de talon défait le jeu de quilles;
Paul avait riposté lançant sur Jean ses billes,
Et les voilà tous deux déchirant leurs habits,
    S'égratignant les mains et la figure.

        Et que c'est laid, mon Dieu!
        Regardez donc un peu
        Leur furieuse allure?
        Deux lions échappés,
        Écumant, écharpés,
        Que la rage secoue,
        Abîmés dans la boue!...

Ah ! si jamais je suis tenté
De me mettre en colère,
En repensant à leur brutalité,
Je trouverai tout mon calme, j'espère,
Et de la haine, le poison
N'obscurcira pas ma raison !...

Leçon et lecture. — Mes petits amis, la bouderie fait disparaître la bonne humeur, et aigrit le caractère. De même que l'envie, elle provient, la plupart du temps, de l'amour-propre blessé et nous prédispose à la rage, à la colère contre nos adversaires. Or la colère est un défaut épouvantable, voisin de la folie, qui nous enlève l'usage de la raison et nous rend capables des plus grands crimes. Si la bouderie est laide à voir, la colère est horrible. Un enfant en colère est un petit monstre furieux, très bien dépeint dans la poésie précédente. Sa figure est rouge, contractée, ses gestes fébriles, ses yeux injectés, hors de leur orbite ! Je ne sais rien de plus effrayant ! Enfants, quand un mouvement de colère veut s'emparer de vous, donnez-vous le temps de la réflexion, et vous conserverez votre calme. Les choses ne peuvent pas toujours aller comme nous voudrions ; il faut savoir supporter les contrariétés, savoir résister à un désir qu'on ne peut réaliser, un désagrément ou un mot déplaisant. Il y a de la dignité à maîtriser ses impatiences, à se dominer enfin. Les petites filles surtout doivent donner sans cesse l'exemple de la douceur et de la bienveillance.

Maxime. — Je ne m'emporterai pas pour un rien ; je lutterai contre les mouvements d'irritation qui pourraient s'emparer de moi, afin de me dominer et garder envers les autres et moi-même une calme dignité.

64ᵉ LEÇON — La Rancune.

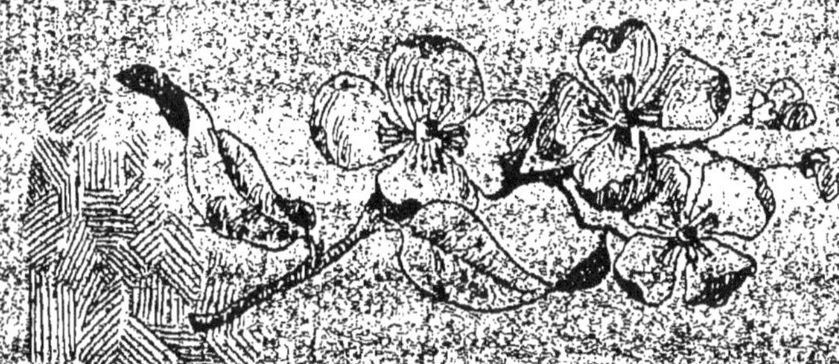

C'est mal d'avoir de la rancune, —
Ce poison qui ronge le cœur
Et consomme notre infortune,
Nous flétrissant de son ardeur.

Sans fin, elle nous importune,
Nous soufflant un désir vengeur ;
Mais alors — c'est la loi commune —
Nous souffrons de notre noirceur.

Vous qui d'un sentiment de haine
Subissez la pesante chaîne,
Secouez son joug ! A chacun

Accordez un pardon suprême :
Vous serez heureux, car on aime,
De la bonté le doux parfum.

Leçon et lecture. — Mes chers enfants, la rancune, c'est la colère hypocrite qui s'alimente de haine et rumine sa vengeance dans l'ombre pour mieux atteindre son heure ; c'est un feu qui couve caché sous la cendre.

Certes, la colère brutale et violente est mauvaise, mais au moins a-t-elle pour excuse la passion, l'irréflexion, tandis que la rancune feint le calme pour mieux préméditer son coup et frapper plus sûrement ; c'est le sentiment le plus bas et le plus triste qui soit au monde.

Enfants, ce serait trop désespérant si quelqu'un d'entre vous montrait une telle disposition de caractère. Non ! Vous ne pouvez avoir que des motifs bien futiles de vous en vouloir.

Petits ennemis d'une heure, sachez étouffer bien vite vos ressentiments. Lorsque vous vous êtes fâchés avec un ami, qu'un bon mouvement vous ramène vers lui. Le sourire sur les lèvres, allez lui tendre franchement la main et dites-lui : « Oublions, veux-tu ! » Alors vous sentirez la joie renaître en vos cœurs, en chassant l'amertume dont l'avait rempli la dure inimitié.

Maxime. — La rancune empoisonne le cœur. Quand on a du ressentiment contre quelqu'un, il faut s'expliquer franchement avec lui, et après cette explication oublier et pardonner avec noblesse.

65ᵉ LEÇON. — Il ne faut pas se venger.

Quoi ! tu ramasses cette pierre
Pour la jeter sur ton voisin
Qui t'a fait une peine amère ?
Laisse-la tomber de ta main !

Pour ton bon cœur, crois-en ta mère :
Plus tard ce serait un chagrin.
Que pardonner à l'adversaire
Pour toi soit un plaisir divin.

Ne vois-tu pas que l'on ressemble
Aux méchants, en se vengeant d'eux ?
Mon enfant, de faire mal, tremble !

Attends la justice des Cieux !
Y répondre par sa clémence,
C'est être au-dessus de l'offense !

Leçon et lecture. — Petit enfant, tu dis que ton compagnon est méchant de t'avoir donné un coup de pied, et tu lèves la jambe pour le lui rendre. Après que tu te seras vengé, quelle différence y aura-t-il entre ton action et la sienne, et ne pourra-t-on pas dire aussi que tu es méchant et ne vaux pas mieux que lui?

Petit enfant, toute la différence qu'il y a entre les bons et les méchants, c'est que les premiers souffrent quelquefois avec patience et mansuétude le mal que leur font les seconds. Parce que le monde est plein de loups avides qui cherchent d'innocentes victimes, seras-tu loup pour te défendre? Garde ta nature d'homme! Garde ta nature d'élite! La vengeance vient de la haine, et ce sentiment ne peut avoir de prise sur ton jeune cœur si plein d'amour!

Subis les outrages sans les rendre; en cela imite Dieu, notre père, contre qui les pervers ne cessent de blasphémer alors qu'il répand à flots sur la terre les rayons du soleil et la rosée bienfaisante pour fertiliser leurs moissons.

Si tout allait au gré de tes désirs, si ton chemin était semé de roses, quelle serait ta vertu? où serait ton mérite?

Souffre les injustices sans trop te plaindre. Tous les coups de pied d'âne, tous les coups de dents de loup, ne sont pas mortels; il en est même d'utiles à notre perfectionnement; ils forcent en quelque sorte le coup de collier qui nous conduit à la gloire, et, tels que des blessures honorantes, ils sont la marque de notre dignité. Les injures des infâmes crient la gloire des bons. Les attaques des pervers sont la plus belle auréole de l'homme de bien.

Maxime. — La vengeance, fille de la haine, ne saurait avoir de prise sur un cœur bon : celui-ci pardonne à l'ennemi avec grandeur et clémence.

66ᵉ LEÇON — La Goutte d'eau.

La goutte d'eau claire et limpide
Sous l'ardeur du brûlant soleil,
En vapeur s'élance rapide
Et monte vers le ciel vermeil.

Tombant de la nue irisée
La pauvre gouttelette en pleurs,
De sa bienfaisante rosée
Fait éclore nos fruits, nos fleurs.

Parfois, en petites étoiles,
Dans l'air elle se change enfin,
Puis, neige, couvre de ses voiles
Nos toits et l'herbe du chemin.

Sous les morsures de la bise
La pauvre goutte d'eau frémit,
Se glace et, dans son horreur, brise
Le roc dont la pierre gémit.

Pourtant elle n'est pas méchante.
La goutte d'eau du frais ruisseau
Qui coule dans les prés et chante,
Faisant pousser le foin nouveau.

Mais, écoutez bien cette chose :
Il n'est pas de si bonnes gens
A qui faire du mal on ose
Qui ne montrent aussi les dents !

Leçon et lecture. — Enfants, c'est dur de souffrir le mal que nous font les méchants ; mais combien il doit être plus dur d'être méchant soi-même ! Songez aux peines infinies que se donnent les pervers pour machiner leurs complots, aux douleurs de la déception lorsque leurs combinaisons n'ont pas réussi, et vous les plaindrez en voyant que la paix ne règne jamais dans leur cœur.

Mais, parce que je vous prie de ne point vous venger d'eux, n'allez pas croire que tous leurs forfaits réussiront et resteront impunis. La justice divine s'arrange souvent à faire tourner contre les malveillants leurs propres artifices, et il n'est pas rare de les voir pris dans les pièges qu'ils nous tendaient.

Enfants, n'enviez pas aux pervers la rage malsaine de leurs haines ; qu'aucun sentiment amer ne vous anime envers vos semblables ; le premier devoir de votre âme est de n'être pas méchants, c'est-à-dire de ne pas faire aux autres ce que vous ne voudriez pas qu'il vous fût fait et de respecter tous leurs droits. Semez autour de vous la bonté, la douceur, la clémence, et vous récolterez l'affection.

Maxime. — Le méchant fait mal quelquefois, même sans intérêt, pour le seul plaisir de faire souffrir les autres. Quelle que soit la mansuétude de ceux à qui il s'attaque, il finit par exciter leur révolte et recueille leur aversion.

CHAPITRE XI

DEVOIRS ENVERS NOS SEMBLABLES

67e LEÇON. — L'Enfant et les Moineaux.

SOYEZ BONS

« Joijeaux, petits joijeaux, ne vous écappez pas? »
Disait un doux bébé dans sa langue enfantine,
En jetant son biscuit, plein de grâce câline,
Aux nombreux passereaux qui volaient sur ses pas.

C'était au Luxembourg, la demeure princière
Qui garde de nos temps un reflet d'autrefois
Et dont la fière porte où passèrent nos rois,
Aujourd'hui, s'ouvre à tous, riante, hospitalière.

Or, un jeune moineau criait de loin : « cui, cui ! »
De ce festin joyeux implorant une miette
Sans oser approcher et quitter la retraite,
Dont son prudent instinct s'est tracé le circuit.

D'un œil intelligent il écoute, il observe ;
Quelque mécompte a dû le rendre méfiant ;
On croirait qu'il se dit : « Mais, ce n'est qu'un enfant ! »
Comme pour s'exciter à franchir sa réserve.

Et Bébé trouve alors des mots persuasifs :
« Bébé n'est pas méçant, viens ! Ce n'est pas des jommes.
Quoi ! la bête et l'enfant savent-ils que nous sommes,
Pour les faibles, cruels, fourbes, vindicatifs ?

Leurs cœurs se sont compris : la main de l'enfant sème
La manne que l'oiseau vient manger à ses pieds.
Sachons que pour gagner de sûres amitiés,
La bonté, la douceur, sont les vertus qu'on aime.

Leçon et lecture. — Enfants, avez-vous bien compris, avez-vous bien entendu la grande leçon qui s'exhale de ce livre ? « Soyez bons ! »

Un enfant bon aime son père, sa mère, ses frères et sœurs, tous ses parents, et accomplit ses devoirs envers eux. Il traite ses serviteurs avec égards et se montre plein de douceur pour les animaux. Cet enfant est aussi un écolier modèle. Il sent toute la peine que ses maîtres prennent pour lui, il leur en a une profonde reconnaissance et fait tous ses efforts pour profiter de leurs leçons et récompenser par ce moyen son pays des sacrifices que celui-ci fait pour son éducation. Enfin, il travaille à devenir un bon citoyen.

Un enfant bon ne fait pas de peine à ses camarades, qu'il aime presque comme des frères : il partage avec ceux d'entre eux qui sont malheureux, et son plus grand bonheur est d'amener le sourire sur leurs lèvres, de mettre quelque joie dans leur âme !

Oui, chers enfants, soyez bons. La bonté est la clé d'or qui ouvre tous les cœurs. Aimez ! Donnez-vous ! Dépensez-vous pour les autres ! et vous serez aimés à votre tour, ce qui est ici-bas le seul vrai bonheur !

Maxime. — Je ferai aux autres comme je voudrais qu'il me fût fait à moi-même, c'est-à-dire que je les aimerai, les aiderai, les consolerai dans la mesure de mes moyens, pour mériter leur estime et leur affection.

68ᵉ LEÇON. — La Leçon comprise.

IL FAUT AIMER LA JUSTICE

« Commettre un acte d'injustice,
» C'est faire du tort au prochain,
» Le dénigrer avec malice,
» L'empêcher de gagner son pain ;

» Ne pas aimer rendre service,
» Aux malheureux être inhumain,
» Ou, sans commettre préjudice,
» N'avoir que de soi le cœur plein.

» Exemple : tiens, Chose est injuste ;
» Chaque jour il nous tarabuste,
» Tache nos cahiers sans façon. »

J'écoutai cela, sur la place,
De deux enfants sortant de classe
Et trouvai bonne la leçon !

Leçon et lecture. — Mes petits enfants, quand on est bon, on est juste. Être juste, c'est ne pas faire aux autres ce que nous ne voudrions pas qu'on nous fît.

Or, nous ne voudrions pas qu'on attentât à notre vie, à nos biens, à notre conscience, à notre honneur. Il est donc élémentaire que nous respections chez nos semblables ce que nous voulons qu'ils respectent dans notre personne.

Je sais bien que les petits enfants ne tuent pas et ne peuvent généralement faire de torts sérieux au prochain. Cependant, il y en a qui jettent des pierres, cassent des vitres et risquent ainsi de faire beaucoup de mal. D'autres, comme le fit le petit élève de notre fable, battent leurs compagnons, tachent leurs cahiers, déchirent leurs livres, gâtent leurs habits. Ce sont là, vous le comprenez, des actes d'injustice dont nous serions très fâchés qu'on se rendît coupable à notre égard. Mes enfants, c'est en s'habituant, lorsqu'on est encore tout petit, à ne faire du tort à personne, qu'on devient plus tard un homme respectueux des droits d'autrui, juste et honnête.

Maxime. — Je me souviendrai que je n'ai pas seulement des devoirs à remplir envers ma famille, ma patrie, mais que j'en ai aussi de très sérieux envers mes camarades, mes semblables, dont je dois respecter les droits, et auxquels je dois encore aide et affection.

69e LEÇON. — Le Chêne solitaire.

AIDONS-NOUS LES UNS LES AUTRES : FRATERNITÉ HUMAINE.

Voyez, dans la plaine déserte,
Ce pauvre chêne rabougri,
Qui n'a pas une branche verte,
N'ayant à l'entour nul abri.

Et sa cime retombe, inerte,
Comme le front endolori
D'un jeune orphelin, que la perte
D'une mère a laissé meurtri.

Ses rameaux penchent vers la terre
Battus des vents et dépouillés
Par l'ardent soleil effeuillés.

Il s'éteint, seul, dans la poussière !
Ainsi, tout être abandonné !
A mille maux est condamné !...

Leçon et lecture. — Enfants, vous avez lu l'histoire de Robinson-Crusoé, abandonné dans son île, ne parvenant à se créer une vie supportable que grâce aux débris de la civilisation qu'il a pu conserver. Comme l'arbre battu des vents, seul, isolé dans la plaine, vous mourriez si vous étiez abandonnés. Le matin, quand vous vous

levez que tout d'hommes de toutes les régions, de tous
les climats, ont pourvu à vos besoins. Ceux des Indes,
d'Amérique vous ont envoyé des épices pour préparer
vos aliments, du coton, de la soie pour vous vêtir.
L'habitant des campagnes vous a envoyé vos provisions
de lait, de beurre, de fromage, de légumes, de fruits. Le
boulanger a cuit votre pain, et chaque ouvrier, selon son
métier, a pourvu à votre bien-être.

Si tous vous sont utiles, ne seriez-vous pas l'obligation
d'être utile à tous, de les aimer au moins et de leur avoir
de la reconnaissance?

Enfants, cela ne vous montre-t-il pas clairement que
tous les hommes se doivent aide et affection, puisqu'ils
ne peuvent rien qu'en s'appuyant les uns sur les autres?
Il semble que, par cette organisation même, Dieu ait
voulu faire naître en nos cœurs le sentiment de la
fraternité humaine. Oui, je vous l'ai dit ailleurs, autant
tous les hommes sont frères. La société humaine est une
grande famille dont Dieu est le père. Il convient que les
riches assistent les pauvres, que les puissants aident les
faibles, les malheureux.

Trouveriez-vous juste que votre frère fût dans l'abondance
et la joie quand vous seriez dans la douleur et la misère?

Un cœur vraiment équitable ne se contente pas de ne
pas faire de mal à ses semblables; il est charitable, les
aide selon ses moyens et leur témoigne en toute circonstance son amour.

Enfants, s'il y avait parmi vous quelque élève malheureux, vous devriez l'aimer davantage, partager avec lui,
alléger sa souffrance. Les devoirs de charité sont aussi
rigoureux que les devoirs de justice. Dieu lui-même
a dit: « Aimez-vous les uns les autres, assistez-vous. » On
n'est d'ailleurs véritablement juste qu'en donnant un peu
de son bien à celui qui ne possède rien, en l'aidant
fraternellement.

Maxime. — Loin de se nuire, les hommes doivent
s'aider entre eux, la conscience et la fraternité humaine
le leur ordonnent.

70e LEÇON. — Pauvre Petite !

NE SOYEZ PAS INTOLÉRANTS

Va-t-en ! va-t-en loin de nos jeux !
Va-t-en ! va-t-en, vilaine juive !
Criait une bande agressive
D'enfants cruels et dédaigneux.

Et l'innocente, plein les yeux
De pleurs, tremblant qu'on la poursuive,
Prenait une course plus vive,
Le regard levé vers les cieux !

Si petits, déjà tout remplis de haine,
Quand d'amour on croit leur jeune âme pleine,
Le cœur attristé, je leur dis : « Méchants !... »

« De tous, ici-bas, le Très-Haut est père
» Et son cœur ressent une peine amère
» Du mal que se font entre eux ses enfants. »

Leçon et lecture. — Rien ne fait plus de peine que de trouver de l'intolérance dans le cœur des petits enfants. Eux qui viennent à peine d'entrer dans la vie, où ils n'ont encore éprouvé qu'aménités, soins et égards, comment ne sont-ils pas tout naïveté, tout bonté, tout amour?

L'intolérance, chers enfants, est un des plus stupides travers des hommes; elle provient généralement de la sottise, de l'ignorance et de l'orgueil. On est intolérant, mes enfants, lorsqu'on ne peut supporter la contradiction de ses idées, lorsqu'on veut avoir raison envers et contre tous, qu'on ne peut supporter les opinions des autres et qu'on injurie ceux qui professent une autre religion que la nôtre, comme le font les méchants enfants de notre poésie.

Si ces petits sots prenaient la peine de réfléchir, ils comprendraient le peu de mérite qu'ils ont à pratiquer telle ou telle croyance. Ils se diraient : « Si j'étais né en Orient, je serais brahmaniste, bouddhiste ou mahométan. » Ils verraient que les religions sont aussi diverses que les régions, les climats, et qu'il ne tient qu'au hasard de la naissance d'appartenir à l'une plutôt qu'à l'autre.

Alors, devant l'indulgence du Très-Haut, qui accepte avec bonheur les hommages des hommes quels que soient la foi et le langage dans lesquels ils les lui expriment, sans doute, ils seraient eux-mêmes pleins de mansuétude et sentiraient que nul ne peut être absolument sûr de posséder la vérité et que suivre le droit chemin sur la terre, faire le bien suffit pour plaire à Dieu!

Maxime. — Contraindre un camarade à faire quelque chose par les menaces, est un acte d'intolérance, une méchante action. Je respecterai mes semblables en reconnaissant leur droit de penser et d'agir librement.

71ᵉ LEÇON. — Le Petit Médisant.

IL FAUT RESPECTER LA RÉPUTATION D'AUTRUI.

« Maman, j'ai bien fait mon devoir;
» Mais, Jean, c'était piteux à voir,
» Dieu! qu'il a donc mal fait sa page;
» Et Bertrand n'a pas été sage.

» Il est puni jusqu'à ce soir !
» D'être premier j'ai bon espoir,
» Mais Paul sera dernier, je gage.
» Moi, je t'apporte un témoignage.

» — Enfant, mon cœur est très heureux
» De tes progrès, de ta sagesse;
» Mais, pour mériter ma tendresse,

» Corrige le penchant fâcheux
» Qui te fait médire sans cesse,
» Car ce défaut est odieux. »

Leçon et lecture. — Petits enfants, quand vous répétez le mal qu'ont fait vos petits camarades, vous commettez une mauvaise action, vous manquez aux devoirs de justice, car vous les atteignez ainsi dans leur honneur. Oui, mes petits, de la réputation de l'enfant dépend quelquefois la carrière de l'homme. Si vous allez redisant: « Celui-ci est méchant, celui-là trompeur, cet autre voleur, » savez-vous le mal que leur feront les paroles empoisonnées que vous prononcez à la légère sur leur compte? Parmi ceux qui vous écoutent, se trouveront peut-être des gens de qui ils dépendront un jour, qui garderont de la méfiance contre eux et les incrimineront à la moindre velléité, si bien que leur situation en sera compromise. Le médisant est toujours coupable, parce qu'il se garde de répéter le bien qu'ont fait ceux qu'il accable.

Sachez, mes enfants, qu'en cherchant à rabaisser les autres dans l'estime de ses semblables, on est loin de s'élever à leurs yeux; ils sentent au moins que nous manquions d'indulgence, ce qui est la preuve d'un mauvais cœur. Je ne vous dis rien de la calomnie, ce mensonge abominable qui tend à changer la nature du prochain, et, de méritant qu'il est, à le faire coupable, parce que je ne suppose pas qu'il y ait parmi vous une âme assez méprisable pour accuser faussement quelqu'un de choses qu'il n'a pas faites et auxquelles il n'a pas même pensé.

Enfants, nul n'est parfait en ce monde. Le plus sage est de taire les défauts des autres et de les leur pardonner, pour qu'ils ne veuillent pas regarder de trop près les nôtres et qu'ils daignent aussi nous les pardonner.

Maxime. — Si je ne suis pas jaloux, je ne serai pas médisant, car tout le mal qu'on dit du prochain vient de l'envie qu'on lui porte.

72ᵉ LEÇON. — Le Portefeuille trouvé.

IL FAUT RESPECTER LE BIEN DU PROCHAIN

D'un pauvre aveugle, c'est la fille
Tendant aux passants sa sébile,
Elle a trouvé sur le chemin
Un gros portefeuille tout plein.

Son pauvre jupon en guenille,
Sans penser que de sa famille
Cet or apaiserait la faim,
Elle me l'a porté soudain,

Car je suis son institutrice,
Et son âme sans artifice
Connaît tout entier son devoir.

Et moi, j'ai pleuré de tendresse!
Du pauvre la délicatesse
Est si noble et si belle à voir!

Leçon et lecture. — Enfants, la chose perdue a un propriétaire quelque part, elle ne nous appartient pas : si nous la trouvons, notre devoir est de la rendre. Lorsque nous n'en connaissons pas le propriétaire, il faut la remettre au maire de la commune, en en retirant un reçu : la garder est une malhonnêteté.

Puisque ce que nous trouvons ne nous appartient pas, à plus forte raison, en le dérobant d'une manière quelconque commettons-nous une action coupable.

Prendre une plume, de menus objets de classe à un compagnon, c'est un vol, et nous le savons bien puisque nous nous cachons pour le faire.

Ce n'est pas mieux de marauder, c'est-à-dire de manger les pommes ou autres fruits du verger du voisin.

Enfants, notre conscience nous dit que nous ne devons nous emparer, sous aucun prétexte, de ce qui est aux autres.

Le vol prend plusieurs formes : Tromper sur la qualité des marchandises qu'on vend ou les falsifier, tromper sur le poids, détourner des dons du but pour lequel ils ont été faits, s'approprier des objets qui nous sont confiés, faire payer des services dus gratuitement, ne pas rendre des objets qu'on nous a prêtés, sont autant de vols.

Enfants, c'est en s'habituant à une stricte probité dès l'enfance qu'on devient un homme d'honneur. Or l'homme honnête respecte le bien du prochain, non pas seulement par la crainte des gendarmes, mais parce qu'il est noble et digne d'accomplir ce devoir.

Maxime. — Les plus petits larcins préparent aux plus grands crimes. L'enfant qui n'hésite pas à voler un sou pour des friandises pourra plus tard finir par aller en prison, parce qu'il est fort difficile de se défaire d'une aussi mauvaise habitude que le vol.

73ᵉ LEÇON. — **Négligence.**

DEVOIRS PROFESSIONNELS. — IL FAUT TENIR SES ENGAGEMENTS
ET SES PROMESSES

Fils d'ouvriers tenus au chantier jusqu'au soir,
Le petit, en naissant, fut mis à la nourrice;
Cela coûtait beaucoup, mangeait leur bénéfice;
Mais qu'on serait heureux quand on irait le voir!

Hélas! qui leur eût dit qu'un affreux désespoir,
Dans la maison des champs, un odieux supplice,
Par manque de parole, au lieu d'un pur délice,
Auprès de leur enfant devait les émouvoir!

Négligé, le mignon est tombé de sa couche:
Il gît là, sur le sol, plus de souffle en sa bouche,
Pauvres parents, pleurez, préparez son linceul!

La nounou l'a commis à la garde de Pierre,
Son aîné, pour aller aider la journalière;
Et, pour jouer dehors, Pierre l'a laissé seul!

Leçon et lecture. — Chers petits enfants, vous devez, comme les grandes personnes, avoir le respect de votre parole, de vos engagements.

Voyez l'immense malheur survenu par la négligence de ce petit garçon qui, pour aller jouer avec ses camarades, abandonne le nourrisson que sa mère lui a confié.

Combien cette mère et ce fils ont dû être punis et avoir de remords de la mort de ce bébé!

Mais, vraiment, n'eût-il pas mieux valu veiller à temps sur lui?

Ceci rentre encore dans l'obligation des devoirs professionnels. On doit faire scrupuleusement le travail pour lequel on est rétribué; le mal accomplir, c'est léser ceux pour le compte de qui il doit être fait, c'est un vol!

Petits enfants, manquer à sa parole, c'est agir malhonnêtement. En ne tenant pas ses engagements, on trompe la bonne foi de ceux qui ont mis leur confiance en nous, et cela est indigne des gens de cœur.

Ne promettez donc rien à la légère, mais, dès que vous aurez promis, sachez que vous êtes obligés de tenir votre parole, sous peine d'être considérés comme des lâches et des menteurs.

Maxime. — Ma parole sera sacrée, aux yeux de ma conscience; je la tiendrai plus scrupuleusement que tous les contrats écrits.

74° LEÇON. — Il ne faut pas rapporter.

Louise n'est pas rapporteuse;
On l'a punie hier matin,
— Et même elle en fut très honteuse —
Pour avoir taché son sous-main.

Or, sans dénoncer l'envieuse
Qui lui fit ça d'un cœur malin,
Louise a souffert, courageuse,
L'injustice; mais son chagrin

Fut de voir, dit-elle à sa mère,
De l'autre le manque de foi,
Car elle eût dû crier : « C'est moi! »

Toujours un bon enfant préfère
La plus dure punition
A la dénonciation.

Leçon et lecture. — Il y a des petites filles et même des petits garçons qui crient à chaque instant : « Madame, une telle m'a fait ça. » « Monsieur, c'est un tel qui a sifflé dans la classe. » Ce sont de petits rapporteurs !

Mes enfants, la délation et la trahison sont des fautes graves. Pourquoi divulguer toujours les fautes des autres ? Êtes-vous donc si parfaits qu'on ne puisse trouver à redire sur vous ? D'ailleurs, le seul fait de rapporter, si vous ne le faisiez par inconséquence, ne dénoterait-il pas une âme basse ?

Ne dénoncez jamais vos compagnons ou vos collègues, mes enfants : la dénonciation tue la camaraderie ; elle empoisonne les relations entre amis. Le délateur ne mérite que mépris. Oui, il faudra que vous agissiez toujours comme la petite Louise de notre poésie. Même si vous êtes punis pour un autre, taisez-vous. Laissez à la conscience du coupable le soin de se dénoncer lui-même. S'il se tait, son silence sera une lâcheté, il commettra une action honteuse qui le remplira de remords s'il n'est pas tout à fait pervers. Mais vous, restez dignes, en préférant la plus dure punition à la dénonciation.

Maxime. — Un enfant qui a bon cœur cache les fautes de ses compagnons au lieu de les dévoiler ; il ne se rend pas coupable d'une trahison qui le couvrirait de mépris aux yeux de sa conscience.

75ᵉ LEÇON — Vilaine Ingrate.

Quand Odette perdit sa mère,
Sa tante la prit sur son cœur,
Et, depuis lors, avec ardeur,
L'aima comme une fille chère.

Mais, ayant un vil caractère,
Cette enfant remplit de douleur
Celle dont sans fin la sueur
La délivre de la misère —

Pour tant d'amour et de bienfaits
L'ingrate de tourments abreuve
L'âme de cette digne veuve;

Et n'a que procédés mauvais
Répondant par l'ingratitude
A sa vive sollicitude!

Leçon et lecture. — Mes enfants, être ingrat c'est ce qu'il y a de plus odieux au monde; un enfant ingrat est un monstre.

Quoi! votre cœur ne serait pas plein de reconnaissance pour ceux qui se sont dévoués à vous? Quelle noirceur! Oh! combien détestable nous paraît cette petite Odette qui répond à la sollicitude de sa tante par l'ingratitude! Elle aurait certes mérité qu'on la laissât aller dans un orphelinat où tant de caresses et de si bons soins ne lui auraient pas été prodigués.

Cette enfant est malhonnête; par son action elle nie la dette contractée envers sa bienfaitrice, lorsqu'avec un peu de cœur elle aurait fait tous ses efforts pour s'acquitter en répondant par le dévouement et la tendresse au dévouement et à la tendresse qu'elle a reçus. Mais non, c'est une égoïste qui s'imagine sans doute que tout lui est dû? Pour vous, mes petits, ne l'imitez pas. Que votre regard, vos paroles, votre déférence marquent votre gratitude et votre désir de plaire à ceux qui vous ont obligés.

Et n'oubliez pas que votre père et votre mère, ainsi que vos maîtres, doivent être compris au premier rang de vos bienfaiteurs.

Maxime. — Un bienfait reçu doit rester ineffaçable dans nos cœurs. Nous devons vouer une éternelle reconnaissance à nos bienfaiteurs.

76e LEÇON. — Un Petit Indiscret.

Voyez donc, l'oreille à la porte,
Cet affreux petit indiscret
Cherchant à surprendre un secret
Qu'ensuite en tous lieux il colporte !

Aussi, personne ne supporte
La présence de ce furet,
Qui reçoit bien souvent le fouet
Pour être surpris de la sorte.

Entre voisins qui s'estimaient
Comme entre parents qui s'aimaient
Il causa plus d'une dispute.

Prions de n'être pas en butte
Aux rapports de ce curieux
Qui brouillerait et terre et cieux.

Leçon et lecture. — Mes chers enfants, regarder par le trou de la serrure, écouter aux portes, surprendre une conversation, sont des actions basses et viles : c'est là une des formes les plus grossières de l'indiscrétion. Les indiscrets de cette catégorie sont des rapporteurs malfaisants qui ne cherchent à connaître les secrets des autres que pour les divulguer et leur nuire.

Toutes les vérités ne sont pas bonnes à dire, soyez discrets, mes petits, sachez taire ce qui ne vous regarde pas. La plus petite indiscrétion devient quelquefois la cause des pires catastrophes.

N'ayez pas, non plus, ce genre d'indiscrétion fait d'impolitesse et d'égoïsme qui nous rend insupportables par nos exigences. Je veux dire : ne prenez pas la meilleure place en société, parlez peu de vous, soyez occupés de ceux à qui vous vous adressez, car celui qui n'est occupé que de sa personne se rend bientôt ridicule par ses sottes prétentions.

Ayez, au contraire, de bonnes manières, de la courtoisie, de la gentillesse dans vos relations. En un mot, soyez polis, affectueux, bienfaisants et discrets.

Maxime. — Quand on m'interrogera pour savoir ce qui se passe chez moi ou ailleurs, je me garderai bien de rien révéler de ce que j'aurai vu ou entendu ; je m'étudierai à être toujours d'une discrétion parfaite.

77ᵉ LEÇON. — La Petite Flatteuse.

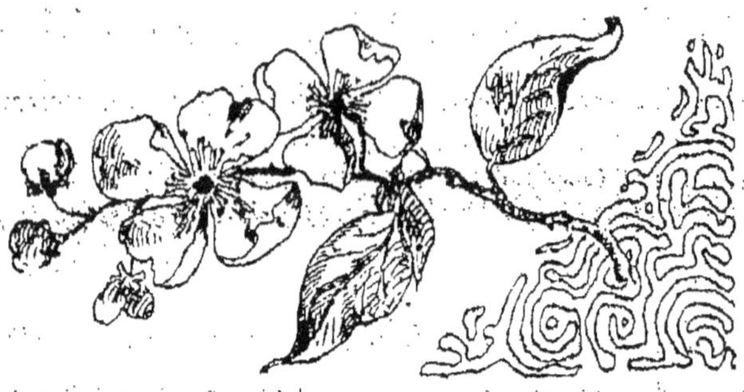

Comme cette Élise est flatteuse!
Tant vaudrait vous dire menteuse;
Car un flatteur, en aucun cas,
Ses compliments ne pense pas.

Hier, la petite enjôleuse,
Trouve Pierrette, l'orgueilleuse,
Qui vous la tire d'embarras
Prenant son fardeau sur ses bras :

« Oh! que ta dentelle est bien faite,
» Dit-elle : la voir, c'est plaisir,
» En posséder est mon désir;

» Travaille à la mienne, Pierrette? »
Et Pierrette y bûche ardemment :
C'est payer cher un compliment...

Leçon et lecture. — Mes enfants, la flatterie est un mensonge, car le flatteur exagère, pour le moins, les sentiments qu'il exprime dans un but intéressé. Le flatteur est encore un rusé qui se sert avec adresse des travers des autres pour les mieux tromper.

Tant que la flatterie ne prend pas d'autres proportions que celle de faire faire son ouvrage par une petite vaniteuse dont on a flatté l'amour-propre, comme Pierrette par exemple, elle n'est pas bien dangereuse. Mais où elle est à craindre, c'est lorsqu'elle s'adresse à des puissants pour en obtenir des avantages, des emplois contre ceux qui y ont plus de droits, ou qu'elle les manœuvre pour leur faire faire du tort à nos rivaux ; en ce cas, c'est une absence complète de droiture. Enfants, soyez sincères, ne cherchez jamais de ruses, n'usez pas de subterfuges, ni de flatterie pour obtenir ce que vous désirez.

Flatter quelqu'un, c'est se moquer de lui, être irrespectueux à son égard ; c'est comme si on lui disait : « Vous êtes un imbécile, un grotesque, facile à duper. » Les gens d'esprit ne se laissent pas prendre à ces tromperies.

Croyez-moi, les roués et les flatteurs finissent toujours par inspirer du mépris et de l'éloignement lorsqu'ils sont découverts.

Maxime. — La flatterie est une trahison. Je me mettrai en garde contre ceux qui useraient de pareils procédés à mon égard.

78e LEÇON. — Deux Enfants obligeants.

Pierre joue au cerceau
Avec Jean, sur la porte ;
A chaque coup nouveau,
La chaleur les emporte ;
Rien ne pourrait, je crois,
De leur jeu les distraire.
Je me trompe, une voix
Appelle faible et claire :
« Pierre ! Jean ! voulez-vous
« Aider un peu Marie ? »
A cet appel si doux,
D'une jambe aguerrie,
On voit les deux enfants
Accourir triomphants
Près d'une jeune infirme,
Et chacun lui confirme
Se montrer prêt toujours
A lui porter secours.

On aime que l'enfance
Soit pleine de douceur,
Avoir de l'obligeance
Est preuve d'un bon cœur.

Leçon et lecture. — Mes petits enfants, être obligeant, c'est aimer ses semblables et le leur prouver par quelque sacrifice personnel, ainsi que le font nos deux charmants bambins qui quittent promptement leurs jeux pour accourir à l'appel d'une jeune infirme et la soutenir dans sa marche.

Un enfant obligeant est toujours aimable; il s'empresse d'être utile autour de lui, et chacun l'aime.

L'obligeance, mes enfants, est sœur de la charité; l'une et l'autre trouvent leur bonheur dans le bonheur d'autrui et se dépensent au profit du prochain; elles ont pour maxime: «Fais à autrui comme tu voudrais qu'il te fît à toi-même.»

L'obligeance est aussi proche parente de la politesse; c'est elle qui nous invite à nous mortifier en société pour accommoder les autres, leur laisser les meilleures places, les meilleurs sièges, les meilleurs morceaux à table, etc. C'est par obligeance et par politesse que nous prenons intérêt à tout ce qui regarde le prochain, que nous nous enquérons de sa santé, de celle de sa famille, de ses affaires, et que nous sommes heureux de sa réussite, tandis que la basse jalousie chasse la bonté du cœur. L'obligeance est la première qualité du savoir-vivre; par elle nous méritons l'estime des honnêtes gens.

Maxime. — Je ne regretterai ni ma peine ni mon temps pour faire plaisir aux autres, c'est-à-dire que je serai bon et obligeant pour tout le monde, mettant mon principal bonheur dans le bonheur d'autrui.

79° LEÇON. — La Saison amère.

IL FAUT DONNER AUX MALHEUREUX

À Luli Marie

La neige recouvre la terre,
L'oiseau jette des cris plaintifs,
Plus un fruit rouge sur les ifs,
C'est l'hiver, la saison amère.

Le ciel est sombre et le vent froid,
Pensez au vieillard, à la veuve
Que leur misère vous émeuve,
Ils n'ont pas de feu sous leur toit.

C'est l'hiver! la rue est déserte,
Les arbres nus, et l'orphelin
Sur une borne dit : « J'ai faim! »
Laissez-lui votre porte ouverte!

Et Dieu de là-haut vous verra;
Il aime qu'aux pauvres l'on donne
Et, pour la plus petite aumône,
Aux pécheurs il pardonnera.

Leçon et lecture. — Petits enfants, quand vous voyez une des scènes de misère qui désolent l'humanité : un vieillard transi de froid, une veuve implorant du pain pour ses orphelins, ou des enfants nus et sans mère, ne sentez-vous pas votre cœur se serrer et des sanglots vous étouffer ? Et n'êtes-vous pas prêts à donner tout ce que vous possédez, à vous dépouiller pour soulager les souffrances dont votre âme est émue ?

Ce sentiment dont vous êtes pénétrés, qui ne vous est imposé par aucune contrainte, aucune volonté autre que la pitié, s'appelle charité. Qui dit charité, mes enfants, dit amour de nos semblables. Il est vivace et profond, ce sentiment de solidarité qui unit les hommes et les fait se dévouer les uns pour les autres dans le malheur. Semé par Dieu dans nos cœurs, il y a fait éclore les plus admirables conceptions humaines. C'est lui qui a fondé les institutions de bienfaisance qui sont l'honneur de l'humanité. Il a ouvert des orphelinats, des crèches, des asiles, des hospices où d'ingénieux bienfaiteurs soulagent les souffrances des malheureux. Enfants ! que la charité soit toujours votre plus belle vertu. Aimez les faibles, les malheureux, ceux qui souffrent, ceux qui pleurent, tous les déshérités du sort. Donnez-leur une part de votre bien-être, une part de votre cœur et vous sentirez une paix, un bonheur intime qu'aucune douleur de la vie ne pourra vous enlever.

Maxime. — La loi morale nous ordonne d'aimer nos semblables et de faire du bien même à nos ennemis.

80ᵉ LEÇON. — Le Chant de l'aveugle.

IL FAUT ÊTRE BIENFAISANT

Fleurs que j'aime, dans les vallées
Je vous contemplais autrefois,
De rosée au matin perlées,
Dans mon souvenir je vous vois.

Aujourd'hui des brillantes roses
Je n'ai plus que le doux parfum
Dieu m'a ravi l'aspect des choses ;
Taisons ce regret importun !

Petits enfants, j'entends vos rondes
Et vos voix pénètrent mon cœur,
De vos têtes brunes ou blondes
Hélas ! j'ignore la couleur !

Mais qu'importe, si de votre âme
Mon âme éprouve la pitié ;

Du plus beau jour la douce flamme
Vaut-elle un rayon d'amitié ?

Leçon et lecture. — La charité, petits enfants, ne s'étend pas seulement aux choses du corps, c'est-à-dire qu'on n'exerce pas la charité seulement en donnant du pain aux pauvres, du travail aux pères de famille, en recueillant des malades, des infirmes, etc. Mais la charité peut s'adresser à l'âme en consolant les douleurs morales, en relevant ceux qui sont déchus, en fortifiant ceux qui sont prêts à faiblir, en prodiguant enfin tendresse et amour à ceux pour qui les misères physiques sont une torture morale : tel que le pauvre aveugle de notre poésie, qui implore la pitié affectueuse des enfants qu'il ne peut, hélas! contempler, soupirant après leur amitié comme après le bonheur suprême. Et l'on comprend ce désir d'être aimé par vous, parce que vous êtes la joie et l'espérance de nos cœurs.

Ah! chers enfants, que toujours le malheur vous laisse attendris! Pitié, pitié pour ceux qui souffrent!

Quand votre petite main tend son aumône au malheureux qui l'implore, c'est bien; mais quand son regard lit dans votre regard la pitié, un bonheur divin l'enivre, la vie lui semble douce encore, son âme se sent renaître, réchauffée par votre amour!

Maxime. — Pour être vraiment charitable il faut, en soulageant les misères de ceux qui souffrent, leur donner une part de son âme, une part de son cœur; il faut qu'ils sentent notre amour!

81ᵉ LEÇON. — Devant le Foyer.

IL FAUT ÊTRE CHARITABLE

A Yvonne de Montzaigle.

Décembre!... le soleil est absent ou bien pâle,
Sous un épais brouillard il cache ses rayons;
Le vent souffle du nord et s'étend en rafale ;
A notre heureux foyer, chantez, petits grillons!

La nature est en deuil et la plaine est déserte :
Combien d'êtres errants, hélas! n'ont pas de feu!
La forêt a perdu la belle robe verte
Dont les plis abritaient les oiseaux du bon Dieu!

Chantez, petits grillons, votre voix, à mon âme
Fait un bien infini, pensant aux délaissés
Qui dans ce triste mois n'ont ni maison ni flamme,
Et vont traînant dehors leurs pauvres corps glacés.

Vous avez chaud au moins? Oh! j'en suis bien heureuse
Oui, je voudrais pouvoir tout soulager ainsi :
A mon âtre accueillir et réchauffer, joyeuse,
Tout être abandonné par ce grand froid transi.

Oui, je voudrais pouvoir calmer toute souffrance
Et de tous dans la vie apaiser les douleurs,
Je voudrais que chacun trouvât dans l'existence
Au moins l'abri, le pain, et sécher tous les pleurs.

Leçon et lecture. — Enfants, souffrir du malheur des autres, avoir le désir constant de soulager leurs souffrances, s'appelle de la bonté naturelle.

Oh! de quelles poignantes angoisses n'est pas ému un cœur bienfaisant, à la vue, à la pensée des misères d'autrui! Un besoin infini de se donner, de se dépenser pour le bonheur du prochain l'envahit, et il n'est vraiment heureux que lorsqu'il a fait quelque bien, soulagé quelques douleurs. Son extrême charité s'étend sur tous les êtres qui sentent dans la création : les animaux, les insectes, les plantes trouvent aussi grâce à ses yeux, et c'est généreusement qu'il cherche à leur procurer ce qu'il croit être à chacun les joies de leur existence. Un cœur véritablement doux, mes enfants, ne connaît ni la haine, ni l'envie, ni la jalousie, il souhaite, au contraire, la plus grande part de bien-être possible à chacun dans la vie et y contribue de tout son pouvoir. Partager, bien mieux, se priver pour les autres est sa plus douce joie et son vœu le plus cher, comme celui du poète serait de voir que tous les hommes, qu'il aime d'un amour fraternel et immense, possèdent au moins l'abri, le pain nécessaire à leur existence, et il voudrait pouvoir tarir la source de toutes leurs larmes.

Maxime. — La bonté est le fond de la charité, elle nous fait voir dans autrui des êtres de même nature que nous auxquels des liens divins nous unissent, et nous pousse envers eux à des sentiments de fraternité. Elle nous porte aussi au pardon des injures et des mauvais procédés et nous fait rendre le bien pour le mal.

82ᵉ LEÇON. — Pauvre Vieux!

DÉVOUEMENT: IL NE FAUT PAS SE MOQUER DES VIEILLARDS
ET DES INFIRMES

Clopin-clopant, sur ses béquilles,
Un estropié cheminait.
Dans un groupe, jouant aux billes,
Un gamin le contrefaisait :
Il repliait en deux ses jambes,
Pour avancer, faisant des sauts,
Et tous ces étourdis ingambes
Riaient, riaient comme des sots.
Pourtant, parmi cette marmaille,
Un bon enfant s'est indigné :
« Oh ! mes amis, votre cœur raille
» Cet infirme au mal résigné !
» Vous ne savez pas son histoire ?
» Mais s'il est perclus aujourd'hui,
» Grand'mère en garde la mémoire.

» C'est par dévouement pour autrui :
» Un jour, c'était dans sa jeunesse,
» Il devint, comme vous voyez.
» S'étant à l'eau plein de prouesse
» Jeté pour sauver deux noyés.
» L'avait chaud, ce bain de glace !
» Raidit ses membres ; depuis lors,
» Pour prix de son humaine audace,
» Il va traînant son pauvre corps...
» Oh ! moi, j'ai du chagrin dans l'âme
» Qu'on se moque des malheureux,
» Celui qui d'en rire se pâme,
» Peut-être un jour sera comme eux ! »

La groupe écoutait en silence...
Aussitôt d'un béret en main,
Fit une quête... Dans l'enfance,
Le cœur est bon quoique mutin !...

« Leçon et lecture. — Oh ! mes enfants, vous ne vous
moquez jamais au moins des vieillards et des infirmes ?
Moi, lorsque j'en trouve un sur mon chemin, je me sens
tout ému ; il me fait penser à l'image chère de mes
grands-parents, car tous les vieillards sont respectables,
et je me dis : « Oh ! mon Dieu ! si c'était eux, comme je
souffrirais de les voir raillés ! » N'êtes-vous pas comme
moi ? Ne seriez-vous pas désolés qu'on contrefît la marche
chancelante de votre grand-père ? Ne faites donc pas aux
autres ce que vous ne voudriez pas qu'on vous fît.
Voyez la désolation des petits railleurs de notre poésie,

lesquels se sont moqués d'un infirme qui avait mille fois droit à leur respect et à leur admiration, car ce noble vieillard n'est dans cet état que pour avoir accompli un des plus beaux actes de dévouement dont s'honore l'humanité.

Se dévouer, mes enfants, c'est pousser la charité jusqu'à donner sa vie pour le prochain ou renoncer volontairement aux joies de la vie pour le bonheur de parents ou d'amis auxquels on se sacrifie. C'est à peu près ce qu'a fait le héros de notre poésie en se jetant à l'eau pour sauver deux de ses semblables. C'est ce que font les sœurs de charité en quittant la douceur du foyer paternel pour se consacrer aux infirmes dans les hôpitaux. L'existence la plus humble, toutes les professions peuvent offrir des exemples de dévouement.

Enfants, souvenez-vous que le dévouement est aussi obligatoire que la sainte charité. Chacun est tenu de se dévouer à sa famille, à sa patrie, à ses semblables, et celui qui laisse le prochain en danger de mort sans le secourir mérite d'être appelé lâche.

Maxime. — Pour me former au dévouement et au sacrifice, je ferai à mes parents et à mes compagnons les petites concessions inhérentes à mon âge, et je me montrerai loyal et généreux envers tous.

83° LEÇON. — C'est ma conscience.

Un jour que j'étais en colère,
J'ai battu mon petit cousin,
Mais, devant sa douleur amère,
Un remords m'envahit soudain.

Je voulais prendre à petit frère
Le gâteau qu'il tenait en main.
Non! je n'ai pas osé le faire,
Comprenant que c'était vilain.

Souvent, ainsi, du fond de l'âme,
J'entends une troublante voix
Qui me félicite ou me blâme.

C'est ma conscience, je crois,
Qui loin du mal toujours m'entraîne
Et du bien me rive à la chaîne!...

Leçon et lecture. — Vous l'avez tous entendue, mes enfants, cette voix intérieure qui vous dit : « Fais le bien, évite le mal, » et vous invite à prendre de bonnes habitudes de conduite? Oui, c'est votre conscience qui vous reproche vos mauvaises actions, vous approuve quand vous avez résisté à un entraînement déshonnête et cherche à vous retenir dans le sentier du bien.

Cependant, comme vous êtes très jeunes, votre conscience est peu développée, elle est encore imparfaite, ainsi que d'ailleurs toutes les autres facultés de votre âme. C'est pourquoi, vous aimant beaucoup, et pensant sans cesse à votre bonheur, j'ai écrit ce livre où vous avez trouvé énumérés tous les devoirs que vous avez à remplir afin de cultiver vos facultés morales et de les faire progresser.

Je ne vous y ai point appris des formules peu appropriées à votre âge, mais la pratique d'une bonne règle de conduite, ce qui est l'essentiel.

Écoutez donc mon petit livre comme la voix de votre conscience elle-même, et suivez le dernier conseil qu'il vous donne en vous disant :

Mes enfants, un excellent moyen de développer la lumière naturelle placée par Dieu dans vos cœurs, c'est, avant d'agir, de vous demander si l'acte que vous vous disposez à commettre serait approuvé par vos parents, par ceux qui ont charge de vous diriger, si vous oseriez l'accomplir sous leurs regards. A la moindre hésitation, abstenez-vous, et vous aurez ainsi affermi votre conscience dans le chemin de la vertu et travaillé à votre bonheur.

Maxime. — Faisons toujours notre devoir envers et contre tout. Le plus grand bonheur sur la terre est celui d'une conscience pure et sans reproche.

CHAPITRE XII

DEVOIRS ENVERS DIEU

84ᵉ LEÇON

Aimer le bien, c'est aimer Dieu.

LA LOI DIVINE.

Enfant, la loi de Dieu t'ordonne
De respecter le bien d'autrui,
A tous de prêter ton appui,
En un mot, d'être juste et bonne.

D'aimer son nom d'un saint amour,
De mettre en lui ton espérance,
Et, vers le ciel plein de clémence,
D'élever tes yeux chaque jour.

De ton esprit chasse le doute;
Ici-bas tout est passager!
Du Seigneur, qui doit nous juger,
La sainte justice, redoute!...

Pour le bien, brûle d'un doux feu,
Que pour l'honneur ton cœur s'enflamme!
Aux beaux élans ouvre ton âme :
Aimer le bien, c'est aimer Dieu.

Leçon et lecture. — Oui! mes chers enfants, obéir à la loi morale, c'est accomplir la loi divine. Dieu lui-même a dit aux hommes : « Aimez-vous les uns les autres; » tous ses commandements sont contenus dans ces paroles.

Faisons donc aux autres comme nous voudrions qu'il nous fût fait. Aidons-nous mutuellement. Vivons selon les règles de la justice et que notre bonté soit l'appui des malheureux. Chassons de nos cœurs l'hypocrisie, le mensonge, la concupiscence, le vol, l'ambition, et la paix régnera dans nos âmes et autour de nous. Mais ne nous contentons pas de vivre selon les règles de l'honneur. Reconnaissons la puissance, la grandeur infinies du Dieu qui a allumé le flambeau du bien dans nos consciences. Élevons nos regards et notre pensée vers le ciel étoilé. Que la lumière des astres suspendus dans l'azur éclaire nos âmes de la sublime vérité et nous remplisse d'admiration pour l'auteur des merveilles de la nature. Prions, bénissons ce Dieu éternel, principe et fin de toute chose, et que notre voix lui chante un concert de louanges unie à toutes les voix de la création.

Maxime. — C'est par Dieu que j'existe; je l'aimerai d'un amour plein de respect et de reconnaissance pour sa bonté infinie; j'obéirai à sa sainte loi en me dévouant au bonheur de mes semblables.

85ᵉ LEÇON

Petits enfants, c'est le bon Dieu.

À ma nièce Andrée Cantaloup.

Qui donne aux enfants une mère,
Des astres brillants au ciel bleu?
Qui sème les fleurs sur la terre?
Petit enfant, c'est le bon Dieu!

Qui donne aux nids la fraîche mousse
Dans la forêt, suave lieu,
Au rossignol sa voix si douce?
Petit enfant, c'est le bon Dieu!

Qui donne la rosée aux plantes
Et met chaque être en son milieu?
Qui punit les âmes méchantes?
Petit enfant, c'est le bon Dieu!

C'est lui qui dirige le monde,
Le soleil s'allume à son feu,
De la mer il gouverne l'onde,
Petit enfant, le grand bon Dieu!

Il lit dedans ta conscience,
De ton cœur il entend le vœu;
Dieu soit toujours ton espérance,
Petit enfant, le puissant Dieu!

Il faut faire bien pour lui plaire
Et mériter qu'il t'aime un peu;
Matin et soir que la prière,
Petit enfant, monte vers Dieu!

Leçon et lecture. — Enfants, si, pour accomplir la loi morale, il est indispensable que vous aimiez votre père, votre mère, vos frères, vos sœurs, vos parents, vos maîtres, vos camarades et les malheureux, de quel amour immense votre cœur ne doit-il pas être plein pour Dieu, créateur de l'univers, principe de toute chose?

Oui, mes enfants, Dieu est le père et le maître de tous les hommes! C'est lui qui fait croître les plantes et fertilise les moissons nécessaires à notre existence.

Si caché qu'il soit à nos yeux, tout dans la nature le dévoile à notre conscience: le soleil qui réchauffe la terre, les sources bienfaisantes, les pluies qui rafraîchissent les plaines, les animaux, les plantes, les insectes, tout est l'œuvre de sa création.

De la voûte azurée du ciel, d'où il nous gouverne, son œil vigilant veille sur ses créatures et leur procure joie et bonheur dans la vie. Aux petits enfants il donne une bonne mère, aux fleurs leurs parfums, aux petits oiseaux un chant mélodieux et à la forêt profonde le susurrement de la feuillée et les caresses des zéphyrs.

Mais s'il est bon, il est juste; c'est lui aussi qui punit les méchants; de son œil scrutateur, sondant les consciences, il sait discerner la prière du juste de celle de l'impie dont il vengera le blasphème et courbera le front superbe sous le poids de son mépris.

Maxime. — Dieu est le maître du monde; c'est lui qui gouverne les ondes de la mer et les rivières qui fertilisent la terre. Il donne aux bois leurs senteurs et parsème de fleurs les prairies où croissent les animaux destinés à nos besoins et à notre nourriture. Nous devons glorifier son saint nom, et le bénir.

86ᵉ LEÇON. — Louanges à Dieu.

A Léontine Hérault.

Un beau matin là-bas s'éveille,
Les coteaux sont tout empourprés,
La plaine sourit, s'émerveille,
Un concert part des bois, des prés!
Le rossignol, sur cette branche,
Sous l'herbe le petit grillon,
Sur leur tige œillet et pervenche,
Buvant du soleil un rayon,
Exhalent au ciel leur prière !
Chanson d'oiseau, parfum de fleur,
Et doux murmure de rivière
Aux pieds de Dieu montent en chœur.
Ainsi dans la belle nature
Tout loue et bénit l'Éternel,
Qui donne à chacun sans mesure
L'appui d'un amour paternel.

Enfant, quand le roseau, l'insecte,
A tous les vents chantent leur Dieu,
Que ton jeune esprit le respecte,
Lève ton front vers le ciel bleu !

Leçon et lecture. — A cette heure où la nuit succède au jour — crépuscule du soir — ou bien à celle où le jour va succéder à la nuit — crépuscule du matin — petits enfants, n'avez-vous pas été tendrement émus du bruissement harmonieux que jette la nature ? Sous les teintures d'un firmament empourpré, tout se dispose au repos et bénit Dieu des bienfaits du jour qui s'éteint ; ou, sous les premières lueurs d'un ciel aux teintes rosées, les corps et les âmes se réveillent, bénissant encore l'éternel mystère de la création, chantant des louanges au Très-Haut.

Enfants, lorsque tout ce qui sent et respire dans la création, plantes, insectes, animaux unissent leur voix pour fêter leur Dieu, seriez-vous les seuls à le méconnaître ? Non ! votre conscience vous l'a révélé, et tout dans la nature vous redit sa grandeur et sa puissance infinies. Que vos accents s'élèvent à leur tour jusqu'à la voûte céleste, suppliant sa bonté de s'épancher sur nous. Votre voix aimée apaisera ses justes ressentiments, sa colère, et nous vaudra le pardon de nos iniquités ; car Dieu chérit l'innocence et ne sait rien lui refuser.

Priez, enfants, pour que la bonté de Dieu descende sur les vôtres et leur procure joie et bonheur.

Maxime. — Je ferai le bien. Je prierai, louerai et bénirai Dieu en actes et en paroles sur la terre pour qu'il protège les miens ici-bas et pour mériter de vivre auprès de lui dans l'éternité.

87ᵉ LEÇON — Pitié, mon Dieu!

A Mᶫᶫᵉ T. Danela.

O Dieu qui gouvernes le monde
Et de la mer diriges l'onde,
Pourquoi, si tu peux l'étouffer,
Du méchant laisser triompher
La malice horrible et profonde?...
Que ta justice le confonde!...

O Dieu, pour que ton nom béni
Soit aimé d'amour infini,
Souffle le bien parmi les hommes;
Car, faibles êtres que nous sommes,
En voyant le crime impuni,
Notre cœur te jette un déni.

Au mal triomphant, notre Père,
Mets un frein, ne laisse plus faire

Voir le juste persécuté
Ferait douter de ta bonté.
Celui qui souffre trop sur terre
Dit qu'il n'y règne que matière.

Allège-la de son fardeau ;
De ton ciel azuré si beau,
Qu'un regard d'amour sur lui tombe
Pour qu'en son âme qui succombe
De l'erreur sorte le bandeau,
De la foi brille le flambeau !

Leçon et lecture. — Mes enfants, notre croyance, notre espérance en Dieu nous portent à l'implorer dans nos besoins, dans nos souffrances, et notre foi dans la justice nous permet d'attendre de lui le châtiment de nos persécuteurs. Devant l'action d'un méchant, notre premier cri est : « Dieu le punira ! » Ce cri est un acte de foi absolue dans la justice divine, et nous avons raison. Dieu, qui ordonne aux hommes le pardon des injures, n'a point assuré l'impunité des pervers pour cela. Ce serait vraiment trop commode pour les infâmes de se dire : « Nos victimes marcheront le front courbé sous nos coups, la loi divine le leur ordonne, à chaque soufflet reçu, ils tendront l'autre joue, sans recourir à la justice d'en haut. » Une telle morale serait le triomphe du vice, de l'iniquité, la négation même de la Providence. Certainement, mes enfants, il faut pardonner, mais il est très équitable d'attendre la chute du triomphe des méchants et de compter sur la vengeance céleste pour leur infliger une punition exemplaire : ce qui ne manque d'ailleurs presque jamais d'arriver. Contre tous ceux qui trament le mal du prochain, contrairement à la loi d'amour enseignée par Dieu dans ce précepte : « Aimez-vous les uns les autres, » nous pouvons nous écrier avec un grand poète, J.-B. Rousseau :

> Mais de ces langues diffamantes
> Dieu saura venger l'innocent ;
> Je le verrai, ce Dieu puissant,
> Foudroyer leurs têtes fumantes.
> Il vaincra ces lions ardents,
> Et dans leurs gueules écumantes
> Il plongera ses mains et brisera leurs dents.

Toujours les grands cœurs ont ainsi éprouvé une noble révolte à la vue du vice triomphant et du juste persécuté, et ils ont eu la belle pensée de croire que Dieu y mettra ordre en intervertissant les rôles selon des règles de la justice.

Si nous n'avions tous cette espérance suprême du triomphe final de la vertu, qui donc aurait le courage de souffrir pour la vertu ?

Enfants, s'en remettre à Dieu du mal que nous font les méchants, espérer dans sa justice divine et pardonner, c'est être noble et bon.

Maxime. — Les iniquités des hommes ne me feront pas douter de la bonté de Dieu. Je m'en remettrai à lui de ma vengeance et je pardonnerai.

86° LEÇON — Je crois, mon Dieu!

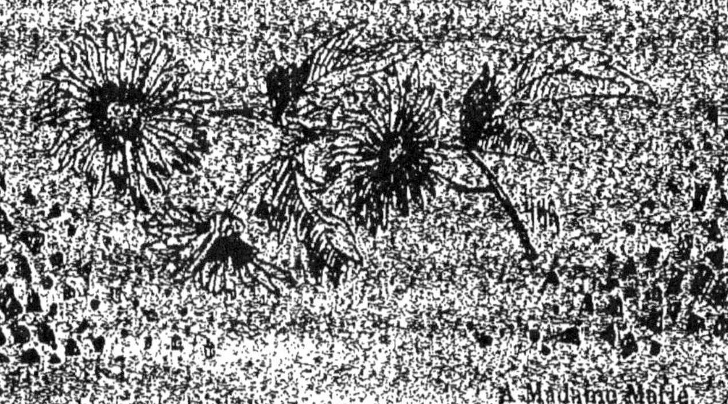

A Madame Motte

Je crois que les cieux et la terre
Sont l'œuvre de la sainte main,
Et que de mon corps la matière
S'anime à ton souffle divin.

Je crois qu'en la vie éphémère
L'homme doit être bon, humain,
Pour retourner dans ta lumière
Et vivre à jamais dans ton sein.

Je crois que celui qui t'implore
Quand il souffre et te prie encore,
S'il ne peut éloigner tout fiel,

Du moins éprouve ta clémence,
Et nourrit la douce espérance
D'être heureux un jour dans le ciel!

Leçon et lecture. — Petits enfants, quand vous avez une peine profonde, quand vous formez un vœu cher à votre cœur, où monte votre pensée, où vole votre espérance pour demander l'atténuation de la souffrance, la réalisation du désir? Vers Dieu. Oui, le créateur, le maître des mondes, se révèle à la conscience humaine comme les règles de la Justice et du Bien. Avant que personne eût prononcé son nom à vos oreilles, votre regard s'était élevé vers le ciel qui vous a dévoilé sa magnificence et sa gloire. Devant la merveilleuse harmonie de la nature, votre âme et votre cœur ont eu le pressentiment de l'auteur divin, et dans un acte de foi spontané, vous avez dit : « Dieu puissant, souverain de l'Univers, c'est par vous que tout existe, tout parle de la bonté de votre Être infini. Nous vous devons tout : le souffle qui nous anime, la lumière qui nous éclaire, l'air que nous respirons, la vie. La conscience elle-même, qui parle en nous, n'est-elle pas votre voix céleste guidant notre raison dans le chemin de la bonté, de la justice et de la vérité? Notre pensée vous voit partout, vous entend partout, dans l'éther comme sur la terre, au dehors comme au dedans de nous-mêmes. Oh! Dieu dont la croyance a soutenu, consolé, fortifié mille générations! dont le nom a été glorifié en tous temps et en tous lieux, sous plusieurs formes, par tous les hommes, nous voulons vous aimer et vous glorifier à notre tour en restant attachés aux principes de la morale, aux règles du bien et de la justice dictés par votre sainte loi, pour mériter de vous voir à jamais dans l'éternel! »

Maxime. — Le plus bel hommage que nous puissions rendre à Dieu, la meilleure manière de donner à notre vie son véritable but, c'est de faire le bien.

TABLE DES MATIÈRES

Bordeaux. — Imp. G. Gounouilhou, 11, rue Guiraude.

ÉLÉMENTS DE GÉOGRAPHIE
Par Jacques PICHON

GÉOGRAPHIE

LA LANGUE ANGLAISE